未成年人权益保护与犯罪预防系列读本

青春不“毒”行

未成年人毒品犯罪预防

主　编　叶小琴
副主编　喻秀艳
撰稿人　叶小琴　喻秀艳　蒋有为　黄诗琪

WUHAN UNIVERSITY PRESS
武汉大学出版社

图书在版编目(CIP)数据

青春不“毒”行:未成年人毒品犯罪预防/叶小琴主编 .—武汉:武汉大学出版社,2020.12(2021.7 重印)
未成年人权益保护与犯罪预防系列读本
ISBN 978-7-307-21626-6

Ⅰ.青…　Ⅱ.叶…　Ⅲ.禁毒—中国—青少年读物　Ⅳ.D669.8-49

中国版本图书馆 CIP 数据核字(2020)第 123291 号

责任编辑:胡　荣　　　责任校对:李孟潇　　　版式设计:马　佳

出版发行:**武汉大学出版社**　(430072　武昌　珞珈山)
(电子邮箱:cbs22@whu.edu.cn　网址:www.wdp.com.cn)
印刷:武汉科源印刷设计有限公司
开本:880×1230　1/32　印张:7.625　字数:191 千字　插页:2
版次:2020 年 12 月第 1 版　　2021 年 7 月第 2 次印刷
ISBN 978-7-307-21626-6　　定价:24.90 元

作 者 简 介

叶小琴

法学博士，武汉大学法学院副教授、硕士研究生导师、刑法教研室主任，武汉大学网络治理研究院研究员，兼任中国犯罪学学会常务理事、武汉市社区矫正讲师团副团长，研究方向为比较及国际刑法学、犯罪学与刑事政策。曾在美国哥伦比亚大学法学院、荷兰阿姆斯特丹大学法学院等机构担任访问学者。出版独著著作《论刑法的趋同》、与人合著著作《看守所检察监督实证与比较研究》，并主编《堕落与救赎：女性犯罪启示录》《折翅之痛与思：未成年人犯罪启示录》《中国当代死刑制度改革的探索与展望》《危害国家安全罪办案一本通》4部著作，参译《美国刑事诉讼——法律和实践》，参编《中国青少年犯罪问题及对策研究》《刑法案例分析》等10余部著作，在《求是内参》《教育部简报（高校智库专刊）》《法学评论》等发表50余篇学术论文，主持国家社科基金后期资助项目、司法部国家法治与法学理论研究项目等10余项科研项目。

总 序

党的十九大报告指出“青年兴则国家兴，青年强则国家强。青年一代有理想、有本领、有担当，国家就有前途，民族就有希望”，保障未成年人健康成长作为全党工作的重点，亦是全社会共同关注的话题。然而，近年来未成年人群体被害现象和犯罪现象愈加突出，校园、网络、毒品一方面成为未成年人犯罪的高发领域，另一方面也使得未成年人权益受到更大程度侵害。为了应对未成年人权益受损严重和犯罪数量迅速上升的现实，先后修改《中华人民共和国未成年人保护法》《中华人民共和国预防未成年人犯罪法》《中华人民共和国刑法》，并制定《中华人民共和国社区矫正法》，未成年人权益保障和犯罪预防工作机制进一步完善。新修订或通过的四部法律秉持源头预防、综合保护的理念，明确了家庭、学校、政府和社会多方主体的责任，力争建构起由家庭承担监护责任、学校承担管教责任、国家机关承担保护责任、群团组织承担参与责任的立体保护体系。不过如何确保各方主体责任的落实，形成合力仍是当前需要进一步研究的问题。

武汉大学刑事法研究中心长期关注未成年人犯罪和权益保障问题。通过深入未成年犯管教所对未成年犯罪人进行面对面、一对一的访谈和交流，了解他们的成长历程和犯罪经历，深刻剖析他们的犯罪原因和犯罪特点。此后，又进一步开展了未成年人法律素养评估的调查。在此基础上，深入研究未成年人犯罪的典型案例，结合未成年人教育的相关理论，编写了“未成年人权益保护与犯罪预防系列读本”。通过以案释法，讲述未成年人成长阶段应当了解的法律知识，为未成年人价值观的形成、家长的正确引导和学校的合理监管提供参考和指引。

本系列读本在编写体例上一改往日未成年人法律保护丛书的教科书式篇章结构，以典型案例为中心，围绕案例进行法律分析，讲解法律知识，并附上法律条文和具体建议，以便读者进一步学习。该系列读本以未成年人主要涉及的犯罪领域为导向展开编写，具体分为校园犯罪、毒品犯罪和网络犯罪，最后总结未成年人的法律制度保护。在读本的编写中，既注重犯罪的预防，又关注未成年人权益的保障。本系列读本共分为以下四本：

1.《让阳光洒满校园——校园犯罪预防与校园安全保护》一书主要聚焦校园内发生的未成年人犯罪和侵害其权益的行为。全书分为校园欺凌、校园侵财、校园性侵和校园虐待四部分内容，通过选取近年来在校园里发生的典型案例展开法律知识的普及。

2.《青春不“毒”行——未成年人毒品犯罪预防》一书结合未成年人涉毒行为的基本类型，分别讲解未成年人吸食毒品、未成年人涉毒犯罪、毒品引发的未成年人次生违法犯罪的基本情况，并用多个典型性案例分析违法犯罪行为背后的成因，从而总结预防未成年人陷入“毒网”的积极措施。

3.《织好青春防火“网”——未成年人网络权益保障与行为规范》一书关注网络中未成年人被侵害的现象，主要包括未成年人网络虚拟财产、人格权、名誉权和知识产权等民事权益的保护。另外针对未成年人使用网络的特点制定出青少年参与网络的行为规范，为未成年人正确使用网络提供规范指引。

4.《筑好“法律盾牌”——未成年人权益的多元法律保护》一书从家庭保护、学校保护、社会保护、政府保护、司法保护五个角度出发，结合《中华人民共和国未成年人保护法》《中华人民共和国预防未成年人犯罪法》《中华人民共和国义务教育法》等法律知识，综合全面地介绍当前我国预防未成年人犯罪和保障未成年人权益的法律制度。

兼顾教育性与趣味性、娱乐性与专业性是本系列读本的重要特点，旨在让未成年人、家长和校方能够在法律知识的学习中感受乐趣，从而能够更加主动地进一步研究未成年人的犯罪预防和权益保护这一重要课题。因此，本系列读本既可以面向未成年人、家长作为自学读物，又可以面向校园法治教育课堂，作为教学读本。

最后需要特别感谢有关单位对本系列读本编写的前期调研和资料搜集工作所提供的便利条件。感谢武汉大学出版社胡荣编辑以及其他工作人员对本系列读本的编写工作提供的宝贵意见和付出的心血。因未成年人犯罪预防与权益保护是一个与时俱进、不断发展的话题，本系列读本在编写过程中尚有纰漏和不足之处，恳请谅解！

丛书主编

2020 年 12 月

前　言

我国当前毒品形势不容乐观，不仅吸毒群体的人数年年上升，而且呈低龄化趋势，毒品正在残害着青春稚嫩的生命。一方面，由于未成年人具有心理尚未成熟，认知能力、辨别能力和自我控制力弱的特征，通常难以准确辨别部分行为的性质，容易受不良诱惑走上吸毒之路；另一方面，未成年人身体发育尚未成熟，易受到毒品的破坏性影响，产生记忆力下降、精神恍惚、意识不清、幻觉和妄想等症状，加大叛逆期未成年人的人身危险性，诱发毒品犯罪和次生违法犯罪。毒品不仅毁灭自己、祸及家庭，更将危害社会。因此，普及法律和毒品知识，增强未成年人的相关认识，预防未成年人毒品犯罪势在必行。

为了防止未成年人坠入“毒渊”，本书从毒品、毒品犯罪、吸毒引发次生违法犯罪三方面展开系统性教育。第一章着重普及毒品知识，介绍毒品的种类、特点、危害，吸食毒品的成因以及戒毒措施。第二章主要分析毒品犯罪成因、特点、行为、刑罚。第三章重点介绍毒品诱发的犯罪行为和为谋取毒资而进行违法犯罪的原因、特点、

行为及刑罚。远离毒品的第一步是认识毒品，预防犯罪的前提是了解犯罪。本书通过对改编的真实案例的分析和法律小课堂中所附的法律原文，深入浅出地讲解案例背后的法律理论，全面系统地展示每个案件的核心问题，讲解相关对策，并且结合章节特点，给出未成年人成为毒品犯罪加害人和被害人的预防措施。

未成年人是国家的希望，健康的成长环境是其茁壮成长的基础。为了使未成年人免受毒品侵害，不仅需要加强面向未成年人的法律和毒品知识教育，更需要社会合力。家庭应当关注未成年人成长，给予关爱；学校应该以人为本，重视学生均衡发展；各类场所应该加强自律，坚决抵制违法犯罪行为；政府机关应该加强监管，整治不良场所，共同为未成年人构筑健康文明的环境。事实上，社会的合力是给予未成年人的屏障和后盾，远离毒品的根本在于未成年人自身。未成年人自己应坚定信念，控制好奇心，不盲目追求刺激，三思而后行。

编　者

2020 年 5 月

目　录

未成年人与毒品诱惑篇

未成年人毒品犯罪篇

吸毒诱发未成年人次生违法犯罪篇

未成年人与毒品诱惑篇

未成年人染上毒瘾，最终陷入毒品泥沼的案例层出不穷。一例例真实事件的背后，是无数青春花朵的枯萎，是无数幸福美满家庭的哀叹，是国家生命力的衰减。未成年人吸食毒品的原因复杂，有的未成年人因为身心尚未成熟，自制能力与辨别能力不足，加之对毒品的成瘾性和危害性认识不足，受他人蒙骗误吸毒品；有的则由于家庭原因，试图通过吸食毒品反抗父母的约束，或者将其作为父母放任的报复；有的则是学校和教师的冷漠，同学的敌视和畏惧，将部分未成年人一步步推向毒品的深渊；还有的则深受社会同辈的群体影响，为了放纵个性、合群以及追求时髦而吸食毒品。事实上，唯有正确认识毒品，正视未成年人成长过程中的问题，尤其是未成年人吸食毒品的各种深层次问题，才是科学有效预防毒品侵蚀未成年人，拯救吸食毒品的未成年人的路径。

揭开魔鬼的面具

2015 年 7 月 13 日，某中学八年级三班的张某正在教室午休，突然隔壁桌的小欢叫醒了张某说："我这里有点糖粉，你吸一点，吸了你就不困了，味道很甜。"在睡意蒙胧下，张某接过"糖粉"用力吸了一口。随后，他感觉胸口很胀，整个人处于眩晕状态，于是踉踉跄跄地跑下楼买水喝，结果摔倒在走廊角落。后来，小欢告知张某这个"糖粉"是毒品（K 粉）。张某虽然又惊又怕，但是他似乎喜欢上了这种带着兴奋劲的感觉，最终与小欢一起走上了"毁灭"道路。①

虽然我国大力打击毒品，但是在一些黑暗的角落，毒品仍然悄悄损害着未成年人的身心健康。据调查，绝大部分未成年人对毒品是畏惧的心理，对毒品缺乏正确认识，不清楚毒品的样态。他们甚至低估毒品的危害性，在无知、侥幸和好奇心理的推动下，部分未成年人误入"毒途"。因此，正确和全面地了解毒品的来源、历史、种类、样

① 改编自 H 省未成年犯管教所真实案例。

态、危害等基本信息是十分必要且刻不容缓的。

一、“潘多拉魔盒”——祸乱之源

当今世界正在经历一场“毒祸”，而这场“毒祸”的源头是一种名为罂粟的植物。罂粟是一种美丽的植物，叶片碧绿，花朵五彩缤纷，茎株亭亭玉立，果实高高在上，但从其果实上提取的汁液，可加工成鸦片、吗啡、海洛因等毒品。正因如此，鸦片成为世界上毒品的重要根源，而罂粟这一美丽的植物更被称为“恶之花”。

图1　罂粟花①

与此同时，正如硬币拥有正反两面，罂粟也并非只有消极作

① 图片来自于百度百科：https：//m. baike. so. com/doc/3881454-4074491. html。

用。罂粟有很强的麻醉性，其提取物也是很多镇静剂的来源，譬如吗啡、可卡因等。因此罂粟在医学上应用广泛，可被加工入药，具有润肺、止咳、镇痛和催眠的功效，可治疗咳嗽、腹泻、脱肛等病症。中国明代著名医药学家李时珍在《本草纲目》中曾提及："其止病之功虽急，杀人如剑，宜深戒之!"可谓是对于罂粟的利弊有了鞭辟入里的分析。尽管罂粟功效奇特，但是也极易被违法犯罪分子利用，所以我国对于罂粟这一植物确立了严格的法律法规规范。只有具有专门资质的单位才可以种植、加工罂粟，对于非法买卖、运输、携带、持有未经灭活的罂粟等毒品原植物种子或者幼苗数量较大的行为，《中华人民共和国刑法》（以下简称《刑法》）也规定了相应的刑罚。

二、 传统毒品的种类

正确认识毒品是远离毒品的第一步。传统毒品主要指比较常见的，对人群危害比较大的植物毒品。1990 年 12 月 28 日全国人民代表大会常务委员会通过的《关于禁毒的决定》进行了明确列举："本决定所称的毒品是指鸦片、海洛因、吗啡、大麻、可卡因以及国务院规定管制的其他能够使人形成瘾癖的麻醉药品和精神药品。"这一表述也被《中华人民共和国禁毒法》（以下简称《禁毒法》）沿用。

1. 鸦片

鸦片是用罂粟果的汁烘干制成。鸦片是人类历史上比较古老的毒品，在公元七八世纪的时候，它作为药材从印度等地传入中国。鸦片进入中国后，很快便"普及"开来，几乎是遍地开花，不断蚕食着人们的身心。我国人民对鸦片深恶痛绝，林则徐"虎门销烟"是具有代表性的打击毒品的历史事件。虎门销烟开始的 6 月 3 日在民国时被定为不放假的禁烟节，而销烟结束日即6月26日也是国际禁毒日。

鸦片属于麻醉、抑制类毒品，之所以能让人们成瘾，是因为其中含有一种名为“吗啡”的生物碱。吸食鸦片，能够麻痹神经、令肌肉松弛、精神萎靡。在刚开始吸食鸦片之时，吸食者会受到强烈的冲击，产生一种飘飘然的感觉，之后若不继续吸食，吸食者则会产生焦虑不安、忽冷忽热、萎靡不振、哈欠连天、流泪流涕等痛苦的症状，这在医学上被称为“鸦片中毒”或者“成瘾”。急性的鸦片中毒会使人先有短暂的舒适感，继而会出现头晕目眩、嗜睡、瞳孔缩小等症状，严重者还会陷入昏迷甚至因窒息而死亡。经常吸食鸦片的人会变得瘦弱不堪、面无血色、瞳孔缩小、眼神呆滞、神情木讷、外形如同干柴木棍，对外界事物漠不关心，抵抗力下降，易染上疾病。

2. 大麻

大麻在我国又被称为火麻、黄麻，系一年生草本植物，原产于中亚。大麻对人体的危害主要体现为大麻依赖。具体表现为，以心理依赖为主，躯体依赖较轻，不易产生耐受性，一般表现为骤然停止吸食毒品会产生戒断反应，即吸食者将出现激动、不安、食欲下降、失眠、体温下降、寒战、发热、震颤等症状。研究表明，经常吸食大麻的年轻人罹患精神病的几率是不抽大麻年轻人的2倍。

大麻对人的精神危害包括两部分。第一是造成神经障碍。吸食过量可致人意识不清、焦虑、抑郁等，对他人产生敌意冲动或有自杀意愿，长期吸食大麻可诱发精神错乱、偏执和妄想。第二是对记忆和行为造成损害。滥用大麻可使大脑记忆及注意力、计算力和判断力减退，使人思维迟钝、记忆混乱，长期吸食还可引起退行性脑病。

大麻对人的生理危害主要包括四方面。第一是造成精神运动功能障碍。主要表现为动作反应迟缓，不能协调运动性操作。长期滥用者产生动机缺乏症状群，表现为始动性不足，精神萎靡不振。第二是心率增快，眼结膜血管充血扩张，出现俗称的“红眼病”。第三是血容量增多，产生直立性低血压，损伤支气管上皮细胞功能。第四是影响免疫系统。吸食大麻可破坏机体免疫系统，造成细胞与体液免疫功能低下，易受病毒、细菌感染，增加口腔肿瘤的易感度。

大麻中毒症状主要表现为三种。第一种是中毒性谵妄。如果一次大量吸食大麻，可能造成吸食者意识不清，同时伴发错觉、幻觉与思维障碍，甚至诱发冲动行为，引发次生犯罪。第二种是急性焦虑发作。当吸食大麻过量时，吸食者易产生严重的焦虑感和恐惧感，伴随灾难感或濒死感。有些吸食者在焦虑支配下意念偏执，对他人产生敌对意识，或错感被别人监视。第三种是急性抑郁反应。有些吸食者可产生一时性的抑郁状态，悲观厌世，有自杀意念。

3. 吗啡

吗啡是鸦片类毒品的重要组成部分。1806 年，法国化学家泽尔蒂纳首次将其从鸦片中提取出来，并使用希腊梦神 Morpheus 的名字将其命名为吗啡。其衍生物盐酸吗啡是临床上常用的麻醉剂，有很强的镇痛作用，多被用于治疗创伤、手术、烧伤等引起的剧痛，也用于心绞痛，还可被作为镇咳和止泻剂。吗啡的二乙酸酯即海洛因，有很强的成瘾性。这使得长期吸食者无论从身体上还是心理上都会对吗啡产生严重的依赖性，造成严重的毒物癖，从而对自身和社会均造成极大的危害。

4. 海洛因

海洛因是以吗啡生物碱作为合成起点得到的半合成毒品，呈白色粉末状，俗称“4 号”“白粉”“白面”“红鸡”“白戈珠”等，是阿片毒品系列中的精制品。相比吗啡，海洛因具有更强的成瘾性。海洛因已成为当今世界被滥用最为广泛的毒品，在所有毒品中，涉及海洛因走私、贩卖、运输、制造和滥用的毒品犯罪案件数量高居首位，因此海洛因被称为“世界毒品之王”。海洛因对人类的身心健康危害极大，严重影响着吸食者的生活质量。一方面，海洛因滥用会导致机体出现严重的心血管系统、神经系统、免疫系统、呼吸系统、生殖系统以及内分泌系统等各系统、器官的急慢性中毒损害；另一方面，长期吸食海洛因会使吸食者产生焦虑、沮丧、抑郁、烦躁、自卑、情绪障碍等一系列的心理损伤。损伤程度与吸食者的吸毒剂量、吸毒年限、吸食方式、复吸次数呈正相关。更为重要的是，至今为止并未发现任何有效的海洛因戒除方式，长期吸食者和注射者最终将人格解体、心理变态和寿命缩减。

5. 可卡因

可卡因又被称为“古柯碱”“可可精”，由奥地利化学家从古柯叶中提取，是美洲地区最流行的一种毒品。在医学领域，由于可卡因麻醉效果好，穿透力强，通常被用作局部麻醉药或血管收缩剂。由于其可用作强烈的天然中枢兴奋剂，能够刺激中枢神经系统，产生兴奋感而被滥用。

长期吸食或吸食量大者易紧张、生病，无法放松、焦躁易怒，视力模糊、盗汗、耳鸣、抽筋、失去协调性，比如产生幻视、幻触，感觉看到实际没有出现的东西，或感觉身体某一部分被“虫子”钻进去而涌动，以致常常“采取措施”——自残肢体。如果滥用者采用的是注射方式，还有可能因为共用针头注射器而感染肝炎和艾滋病。此外，大量服用可卡因后，将使人陷入迷幻现象、举止怪异，甚至产生暴力行为和攻击行为。长期使用可卡因将出现可卡因中毒性精神病，即可卡因成瘾者在高剂量使用可卡因时，出现类偏执性精神病，出现妄想、假性幻觉。在被害妄想的驱使下，吸食者把一切人视为敌人，认为自己随时随刻处于监视之下，这类错觉会导致吸食者采取“先发制人”的行为，伤害他人，甚至危害社会公共安全。

三、 合成毒品的种类

真实的毒品并非如影视作品中都是白色粉末或者透明颗粒，现实生活中毒品种类和样态日益多样，新型毒品更是形态各异，极具隐蔽性。新型毒品是指除了前述几种传统毒品之外，近几年来在吸毒人群中广泛流行的一些麻醉品和精神药品，主要是化学合成毒品，如冰毒、摇头丸、氯胺酮、哌替啶等。这些新型毒品主要是被青年人群体滥用，不仅危害性较大，而且外表奇形怪状，不易辨别，隐蔽性极强。故而，学会准确辨别毒品是未成年人远离毒品的必修课。

1. 冰毒

冰毒，学名甲基苯丙胺，又称为甲基安非他明、去氧麻黄碱，属于安非他明兴奋剂的一种。它被吸毒人员称为冰、大力丸、冰糖猪肉、“嘎嘎”、“牙签”、“钻石”、“象牙棒”（钻石、象牙棒通常为品质较好的冰毒）等。冰毒外观为纯白半透明晶体，因其形状如同碎冰而得名。但是，这种看似晶莹剔透的冰粒对人体具有极大的危害性，其毒性甚至大于海洛因。冰毒具有极强的兴奋作用，在冰毒的作用下，服食者常常进入一种强烈的兴奋状态。其症状表现为不吃不睡，冲动易怒，行为狂妄，带有强烈的暴力倾向。过量吸食者，会产生急性的冰毒中毒，症状表现为头痛、寒战、面色苍白、恶心呕吐，严重者还会出现脑出血甚至死亡。

2. 摇头丸

摇头丸，一般以 MDMA（3，4-亚甲基二氧甲基苯丙胺）、MDA（4，5-亚甲基二氧基苯丙胺）、AM（苯丙胺）及 MAM（甲基苯丙胺）为主要有效成分。市面上的摇头丸种类繁多，主要有粉、绿、橙、紫、黑等颜色。吸毒者食用摇头丸后，大脑皮层受到药物的控制。在没有音乐的时候，头会轻微地晃动，有一种疲惫、欲睡的感觉。但当服用者受到音乐刺激时，就会随着音乐的节拍不由自主地手舞足蹈、疯狂地摇头，音乐节奏越强烈，头晃动得越厉害，感觉越舒服，故称之为“摇头丸”。由于摇头丸的功效特殊，为了谋取更多利益，有的娱乐场所违法售卖摇头丸，容留顾客食用摇头丸。摇头丸的戒断反应明显，尚缺乏有效的方法脱毒，据调查，半年内复吸率仍高达 95%以上。对于身心尚未成熟的未成年人，摇头丸的侵害更为严重，服用两次即可成瘾，半颗就可能造成急性中毒，服食 1 颗以上甚至会诱发心脏休克、呼吸衰竭而死。

3. 氯胺酮

氯胺酮，又称为“K 粉”“K 仔”，属于静脉局部麻醉药，具有强烈的致幻性。氯胺酮基本是用鼻吸方式，或者将其混入香烟中吸食，其目的是为了避免对胃部消化液的破坏。氯胺酮通过鼻腔内部黏膜吸收进入体内，由于黏膜中布满毛细血管，脂溶性大的药物可以快速通过黏膜内的毛细血管进入大脑发挥作用。氯胺酮会让吸食者产生强烈的幻视、幻听和幻觉，让其身处一个万花筒般的奇异场景之中，令其兴奋尖叫。滥用氯胺酮，也会产生令人呼吸骤停、丧失意志成为植物人的危险。经调查发现，氯胺酮的价格相对较低、吸食方式简单，因此其成为尚无独立经济来源未成年人的首选。

四、 新精神活性物质等其他新型毒品

新精神活性物质是新型毒品的代表，又称“策划药”或“实验室毒品”，是不法分子为逃避打击，而对管制毒品进行化学结构修饰得到的毒品类似物，具有与管制毒品相似或更强的兴奋、致幻、麻醉等效果，已成为继传统毒品、合成毒品后全球流行的第三代毒品。这些新型毒品包括哌替啶、狂喜丸、麦司卡林，以及“神仙水”“开心水”“娜塔莎”“0 号胶囊”“笑气”“蓝精灵”“彩虹烟”“小树枝”“奶茶”“迷幻蘑菇”“LSD 致幻剂”“跳跳糖”等。新型毒品形形色色，多采用日常生活物品外观进行包装。如包装成安眠药、曲奇饼干、香烟、奶茶、贴纸、保健药品等。这类包装炫酷，能伪装隐秘的新型毒品，是危害未成年人健康、诱导未成年人吸食毒品的主要来源。

1. “彩虹烟”

“彩虹烟”外形与普通的香烟相似，由纸盒包装。吸食者吸食时会产生特殊烟雾，甚至还自带香气。特殊香烟因看似酷炫，容易抓取未成年人的好奇心，加之青春期的焦躁不安和攀比心理，部分未成年人在缺乏辨别能力的情形下，堕入毒品的深渊。令人更为震惊的是，“彩虹烟”的吸食者平均年龄不足 18 周岁。

2. “小树枝”

“小树枝”又称“雅典娜小树枝”“维也纳香薰”“派对小树枝”等，含有国家规定管制的合成大麻素成分。“小树枝”外形为条状类似树枝，由此得名。“小树枝”成分含有鼠尾草、曼陀罗、龙舌兰等植物，以上植物均有致幻效果，古时常被当做宗教用品使用，近代有时被用做医疗，带有一定毒性。“小树枝”“小金瓶”这类新型毒品相较于冰毒等“老一代”毒品，迷惑性、隐蔽性更

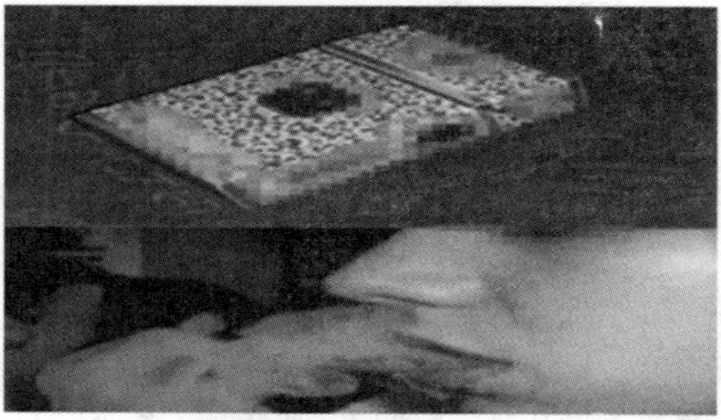

图 2　彩虹烟①

高，年轻人也更容易中招，不少未成年人怀着好奇的心态吸食，最终成瘾，深陷其中无法自拔。现实中，不乏吸食者因为吸食“小树枝”“小金瓶”致幻自杀的案例。

图 3　毒品“小树枝”②

① 图片来自于百度百科：https：//baike. so. com/doc/27155309-28547525. html。

② 图片来自于中国禁毒：https：//mp. weixin. qq. com/s/41HCL5gM8OzZ0bGFEVSXrA。

3. “迷幻蘑菇”

“迷幻蘑菇”又称“神奇蘑菇”，其迷幻成分主要由一种含毒性的菌类植物“毒蝇伞”制成。其外形与普通菇类相似，但是茎较粗，顶部亦尖长及细小。该类毒菇由于在毒品市场盛行，故大量毒贩人工培植后非法贩卖。进食该类蘑菇会出现恶心、肌肉无力、昏睡、瞳孔放大、流汗、动作不协调及焦躁不安等反应。如大量服下便会产生持续幻觉，甚至诱发自控力不足的未成年人实施次生违法犯罪行为，如吸食毒品后故意伤害、杀人、抢劫等。

4. “奶茶”

“奶茶”呈白色粉末状，冲调后即可吸食。这种仅靠饮用的毒品，致幻效果与摇头丸不相上下。“奶茶”的外观与市面上零售的速溶奶茶区别不大，且味道香甜很难分辨其真身。但仔细观看，这些“奶茶”制作粗糙，上面并没有基本成分和食用方法等说明。这种隐蔽的包装方式，其辨识度低极好地规避了相关部门的检查，逐渐成为毒害未成年人的重要手段。

5. “开心水”

“开心水”是一种无味、透明、液态的毒品，由冰毒、摇头丸、K粉混合而成。“开心水”称不上是一种新型毒品，但却可以称作一种新的毒品吸食形态。“开心水”在毒品市场中深受吸毒者喜爱，因为其给人的愉快感很强烈，且隐蔽性高，服用方式简单。吸食者会将“开心水”混合于饮料中饮用。一般而言，一支10ml的开心水稀释后至少可分给5人饮用。“开心水”具有使人类中枢神经兴奋的作用，给人带来欣快的感觉或抑制食欲等，重复饮用“开心水”亦将成瘾。

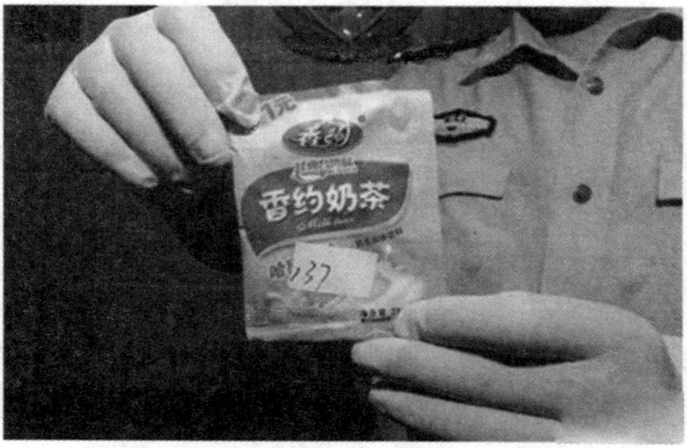

图 4　新型毒品“奶茶”①

6. 一氧化二氮

一氧化二氮，俗称“笑气”，是医用麻醉剂，有轻微麻醉作用。“笑气”常见于蛋糕店的奶油气弹里。“笑气”并不会让人发笑，而是令人脸部肌肉失控，形成一个诡异的痴呆笑容，因此才被称为“笑气”。近年来，“笑气”风靡于全国的酒吧、KTV 等娱乐场所，被毒品吸食者当做毒品的替代品。据统计，有人一天可吸食几百瓶甚至上千瓶“笑气”。过量吸食“笑气”会引发精神疾病甚至死亡。如杭州、宁波等地的医院已经确诊因吸食“笑气”发疯和因长期吸食“笑气”成瘾，导致双脚“瘫痪”，坐着轮椅到医院治疗的病例。

其实，新型毒品种类远不止这些，贩毒人员一直都在“研发”新的毒品。毒品种类和样态五花八门，毒贩手段隐蔽多样，流通进

---

①　图片来自于《警惕｜“果冻”、“奶茶”、“咖啡”……这些竟然都是新型毒品！》，载搜狐网：http：//www.sohu.com/a/865427210_148913。

入未成年人领域的毒品的主要来源是由成年人提供、诱使或者强迫未成年人吸食。事实上，由于未成年人的心智尚未成熟，社会认知不健全，辨别能力和自制能力不足，加之他们面对毒品时充满恐惧与好奇心理，一旦误食毒品，通常无法调整个人状态。“再试一次”的心理往往使得未成年人深陷毒网。预防毒品侵蚀未成年人的身心，必须从未成年人自身着手。未成年人应当掌握毒品基本种类、形态以及危害等信息，从而避免因无知而误入毒途。正如众所周知枪支的基本形态和危害一样，若未成年人能够准确辨别违法药物，清楚毒品的严重危害性，便能够在毒品面前保持清醒头脑。所以，借助书籍和网络，查阅毒品相关资料，增加毒品知识，了解毒品、正视毒品，是未成年人为自己的成长之路筑起坚实防御墙的必经之路。

法律小课堂

（一）种植毒品原植物数量较少的系违法行为

——《中华人民共和国治安管理处罚法》

第七十一条　有下列行为之一的，处十日以上十五日以下拘留，可以并处三千元以下罚款；情节较轻的，处五日以下拘留或者五百元以下罚款：

（一）非法种植罂粟不满五百株或者其他少量毒品原植物的；

（二）非法买卖、运输、携带、持有少量未经灭活的罂粟等毒品原植物种子或者幼苗的；

（三）非法运输、买卖、储存、使用少量罂粟壳的。

有前款第一项行为，在成熟前自行铲除的，不予处罚。

（二）非法种植毒品原植物数量较大的系犯罪行为

——《中华人民共和国刑法》

第三百五十一条 【非法种植毒品原植物罪】

非法种植罂粟、大麻等毒品原植物的，一律强制铲除。有下列情形之一的，处五年以下有期徒刑、拘役或者管制，并处罚金：

（一）种植罂粟五百株以上不满三千株或者其他毒品原植物数量较大的；

（二）经公安机关处理后又种植的；

（三）抗拒铲除的。

非法种植罂粟三千株以上或者其他毒品原植物数量大的，处五年以上有期徒刑，并处罚金或者没收财产。

非法种植罂粟或者其他毒品原植物，在收获前自动铲除的，可以免除处罚。

（三）非法买卖、运输、携带、持有毒品原植物种子、幼苗罪

——《中华人民共和国刑法》

第三百五十二条 【非法买卖、运输、携带、持有毒品原植物种子、幼苗罪】非法买卖、运输、携带、持有未经灭活的罂粟等毒品原植物种子或者幼苗，数量较大的，处三年以下有期徒刑、拘役或者管制，并处或者单处罚金。

国际禁毒日

6月26日是国际禁毒日，也被称为国际反毒品日。1987年6月12日至26日，联合国在维也纳召开由138个国家的3000多名代表参加的麻醉品滥用和非法贩运问题部长级会议，会议提出了“爱生命，不吸毒”的口号，并且一致同意将每年的6月26日定为“国际禁毒日”，以引起世界各国对毒品问题的重视，同时号召全球人民共同来解决毒品问题。

我国对于禁毒一向重视，每年的6月26日前后，政府各级部门和社会组织都会通过报刊、广播、电视新闻等新闻媒介以及现场活动等形式集中开展禁毒宣传活动。作为未成年人应该积极主动参与“禁毒活动”，通过专业禁毒宣传工作人员的介绍，掌握毒品知识，了解毒品危害，提高辨别能力，珍爱生命，自觉远离毒品。

误吸毒品不要慌

2017年某日是刘某15岁生日，受朋友张某邀请一同前往KTV唱歌。其间，张某请刘某抽一口KTV特制的“水烟”，由于刘某本身抽烟，接过“水烟”后猛地抽了几口。随后，张某告知刘某，“水烟”其实是冰毒。当晚刘某精神亢奋，彻夜未眠，第二天仍感觉很兴奋，整个人精神状态恍恍惚惚。刘某心中很是着急，不断思考“自己怎么做才能将体内的毒品快速排出？吸毒就是一口上瘾，自己会不会再也戒不掉？吸毒是违法犯罪的，自己会不会去坐牢？现在应该怎么办？”惊慌失措的刘某不禁大哭起来。①

一、 误吸一次毒品会不会上瘾？

误食毒品的人，尤其是涉世未深的未成年人，常常会有这样一个担心：自己是否会上瘾，毕生

---

① 改编自《第一次误吸了冰毒，要怎么做才能快速排毒？会不会上瘾?》，载广州市禁毒教育馆：https：//mp. weixin. qq. com/s/o_N9FjA3ofPIbDMAcneTfg，2020年4月19日访问。

都摆脱不了毒品的纠缠；而且对吸毒后产生的各种症状无所适从。这些问题都反映了普通公民对毒品知识的匮乏。

关于毒品的一个误区是，很多人坚信一旦沾染毒品，哪怕是极小剂量都会成瘾。其实，吸食毒品后的成瘾状况需要分情况讨论。首先，要根据个人特质区分是否会为成瘾易感人群。不同的个体对毒品效应的敏感性不同，在群体中表现出巨大的差异。易感人群对外部成瘾物质非常敏感，一旦吸食毒品，其成瘾概率非常高。其次，主动吸毒和被动吸毒不同。本案例属于被动吸毒，这种情况下，如果第一次吸食较小剂量，且内心本就抵制毒品，那么吸食者的心理依赖相对较小，成瘾的可能性也相对较小。如果是吸食者主动接触毒品，由于心中有一种追求刺激和放纵的心理，对于毒品的心理依赖就相对较大，因而成瘾的可能性也更大。再次，不同种类毒品的致瘾性和危害性有区别。一般来讲，传统毒品的成瘾性和危害性超过合成毒品，如海洛因、可卡因、吗啡等，其中成瘾性最大的是海洛因。但是，传统毒品中大麻的成瘾性又相对弱于合成毒品冰毒、K 粉等。新精神活性物质暂时停止滥用后从表面上看没有明显的流涕流泪、肌肉疼痛等痛苦的戒断反应，但实际上比传统毒品和合成毒品有更强的精神活性和成瘾性，非常难以戒除。

初次吸毒后的强烈症状并不代表成瘾。对于传统毒品，尤其作为“王者”的海洛因，一旦吸食较容易成瘾。第一次吸食传统毒品的人员大多会出现恶心、呕吐、胸闷等反应，概括来讲就是感觉身体不适。对于合成毒品，例如冰毒、麻古、K 粉等，一般而言，吸食者初次吸食后也会出现负向的身体反应，但相比海洛因稍微轻一些。其显著的表现就是个人极其兴奋，夜晚无法入眠，身体非常疲惫，但是精神却处于恍惚迷乱的状态。

许多人会产生疑问：既然初次吸毒会感觉到难受，为什么那么多吸食者还趋之若鹜？这里可以用吸烟来类比。第一次抽烟的人也会有不舒服的感觉，头晕、想吐还呛肺，这种不适比起毒品的难受程度肯定是小的，那么为什么有的人还会继续抽烟呢？其实还是受其他一些因素影响，与追求刺激、渴望个性化、赶时髦、满足个人心理认同或者形成假性心理依赖有关。另外，吸毒成瘾不仅仅表现为生理层面的问题，而且还隐藏着诸多心理、社会、环境、教育等多方面原因。对于被诱骗者而言，真正能让他们对毒品成瘾的，是他人的再三引诱，一旦自我约束机制崩塌，一蹶不振，便正中诱骗者的圈套。

吸毒成瘾的过程是循序渐进的，从偶尔吸食到成瘾依赖是一个日积月累的过程。在这个过程中吸食者吸食毒品的剂量逐渐增加，起初吸食者尚存一定的自控力，能清醒地意识到增加毒品剂量对人体的伤害。但是，随着身体耐受性逐渐提升，就会对吸食毒品的剂量和频率失去控制，从而产生严重的成瘾依赖性，这就是毒品上瘾的过程。

二、误吸毒品，如何排毒？

人类的身体具有净化能力，物质进入人体会被内部系统分解，最终将没用的物质排出体外，毒品也不例外。被吸食入体内的冰毒等毒素，一般情况需要 3~4 天才能完全代谢排出体外。在这期间吸食者会出现精神亢奋、头脑异常清醒、不想吃饭等症状。如果想要加速代谢，排出毒素，可以考虑采用一些外部辅助方法。

第一是尿液排毒方法。吸食毒品后可以通过喝水促进身体中的水分加速循环，将体内的冰毒毒素通过尿液排出，加快排毒速度。但是喝水应适量，否则将产生相反效果，如腹痛等。

第二是汗蒸法。除了尿液，汗液也可以代谢排出物，因此采用汗液排出毒素也是一种非常可行的方法。正如感冒时通过捂被子、闷出汗液以恢复健康一样，出汗可以将体内的毒素代谢出来。需要注意的是，通过闷汗排出的毒素会残留在被子上，如果继续盖在身上，有可能对身体和皮肤造成一定的伤害。如果出汗后不清洁被单，残留毒素就有可能通过皮肤毛孔再一次被吸收回体内。

第三是运动法。即采用运动方式促进体内代谢，运动过程中大量出汗，随之也会口渴，需要多喝水，又能兼顾到尿液排泄。另外运动方式不仅仅能排出毒素，其实还能调节情绪，让人从亢奋中缓慢恢复，舒展身心，也有助于消除吸毒带来的失眠和压力等问题。

三、 吸毒是违法犯罪吗?

很多吸毒人员或其家属都会关心一个问题，个人因吸毒行为被公安部门发现会被拘留、被判刑吗？对于这些相关法律都有规定。2008 年施行的《禁毒法》第 1 条规定，该法的目的是为了预防和惩治毒品违法犯罪行为，保护公民身心健康，维护社会秩序。通过这些规定可知，凡涉及毒品的个人行为，都是违法行为。那么，个人的吸毒行为是不是犯罪行为呢？

首先，应该准确区分“违法”与“犯罪”。从事实层面分析，这两种都是违规行为。但是从广义上说，“违法”与“犯罪”是一对属种关系概念，违法行为并不必然是犯罪行为，犯罪行为却一定是违法行为。违法是指违反国家的宪法、法律、法令、行政法规和行政规章的一切行为，其概念外延极为广泛，概括来讲就是违反法律法规的一切行为，比如民法上的不履行合同的行为就是违法。但是犯罪则必须具备三个特征：其一，犯罪是危害社会的行为，即具有社会危害性，这是犯罪最本质的特征；其二，犯罪是触犯刑律的行为，即具有刑事违法性，也就是说危害社会的行为必须同时是违反《刑法》规定的行为，才构成犯罪；其三，犯罪必须是应受刑罚处罚的行为，即具有刑罚当罚性。《刑法》第 37 条对一些犯罪情节轻微的危害社会行为规定了训诫或者责令、具结悔过、赔偿损失、赔礼道歉等非刑罚处罚措施。

个人吸毒行为在理论上并不是严重危害社会行为，不属于我国《刑法》规定的毒品犯罪。《刑法》规定的毒品犯罪主要有以下几种：（1）走私、贩卖、运输、制造毒品罪（第347条）；（2）非法持有毒品罪（第348条）；（3）包庇毒品犯罪分子罪（第349条）；（4）窝藏、转移、隐瞒毒品、毒赃罪（第349条）；（5）走私制毒物品罪（第350条）；（6）非法买卖制毒物品罪（第350条）；（7）非法种植毒品原植物罪（第351条）；（8）非法买卖、运输、携带、持有毒品原植物种子、幼苗罪（第352条）；（9）引诱、教唆、欺骗他人吸毒罪（第353条）；（10）强迫他人吸毒罪（第353条）；（11）容留他人吸毒罪（第354条）；（12）非法提供麻醉药品、精神药品罪（第355条）。显然，在我国个人吸毒行为不构成犯罪。

吸毒不属于《刑法》规定的犯罪行为并不意味着忽视吸毒行为的危害。虽然吸毒不构成犯罪，但是依然属于违法行为，并且极易转化为犯罪行为。首先，吸食者容易涉嫌非法持有毒品罪。根据《刑法》的规定，非法持有鸦片200克以上、海洛因或者甲基苯丙胺10克等以上，就可以构成非法持有毒品罪。许多持有毒品的吸食者符合该条件。其次，容留他人吸毒也是当下的高发罪名。很多娱乐明星因吸毒犯罪，多数是由于容留他人吸毒。如曾经出演我国经典电视剧《封神榜》中的傅某某便由于为他人吸食、注射毒品提供场所而构成该罪。最后，吸毒者在吸食毒品后，失去自我约束控制，容易诱发次生犯罪。特别是目前合成毒品等新型毒品直接破坏大脑中枢神经系统，吸毒者患上迫害妄想症后，容易犯下血腥罪案。同时，因为吸食毒品需要耗费巨额毒资，一旦毒资匮乏，吸毒者极有可能加入毒品犯罪集团，走上“以贩养吸”，甚至是盗窃、抢劫、诈骗等歧途。

由于吸毒对个人身体健康和心理健康的严重危害性，以及具有极强诱发犯罪的危险，因此公安机关在查获吸毒人员后，会依法责令其接受社区戒毒。对于吸毒成瘾严重，通过社区戒毒难以戒除毒瘾的人员，公安机关可以直接作出强制隔离戒毒的决定。被责令强制隔离戒毒人员将依法在强制隔离戒毒所接受两年的教育矫治，如果表现好，可以依法提前解除强制隔离戒毒。公安机关对于一般吸毒者更多的是给予挽救和帮助。如果吸毒人员主动接受戒毒治疗，可能不会被处罚。通常而言，公安机关查获吸毒人员后，初次一般以教育为主，并责令其接受社区戒毒，对情节严重者则拘留 10~15 天后再责令其接受行社区戒毒。对于屡教不改、拒绝社区戒毒或吸毒成瘾的吸毒人员，才会决定强制隔离戒毒。怀孕或者正在哺乳自己不满 1 周岁婴儿的妇女，不适用强制隔离戒毒；不满 16 周岁的未成年人，可以不适用强制隔离戒毒。

因此，未成年人若发现自己不小心碰了毒品，绝不能因为恐惧或者心存侥幸而独自处理。最科学合理的办法是及时与家人或老师沟通，说明具体情况，前往医院、专业的戒毒所或者公安机关寻求专业人士帮助。本案中，小刘因为被人误导而初次吸毒，其情节是极其轻微的，小刘应当主动向公安机关说明，并在家人、学校、医院和公安机关的理解和真诚的帮助下，摆脱毒品，回归健康生活。

法律小课堂

（一）引诱、教唆、欺骗以及强迫他人吸毒罪

——《中华人民共和国刑法》

第三百五十三条　【引诱、教唆、欺骗他人吸毒罪】引诱、

教唆、欺骗他人吸食、注射毒品的，处三年以下有期徒刑、拘役或者管制，并处罚金；情节严重的，处三年以上七年以下有期徒刑，并处罚金。

【强迫他人吸毒罪】强迫他人吸食、注射毒品的，处三年以上十年以下有期徒刑，并处罚金。

引诱、教唆、欺骗或者强迫未成年人吸食、注射毒品的，从重处罚。

（二）自愿戒毒不予处罚

——《中华人民共和国戒毒条例》

第九条　国家鼓励吸毒成瘾人员自行戒除毒瘾。吸毒人员可以自行到戒毒医疗机构接受戒毒治疗。对自愿接受戒毒治疗的吸毒人员，公安机关对其原吸毒行为不予处罚。

年轻的“代价”

16 岁的阿兵（化名，下同）是 W 市强制戒毒所里年龄最小的一个，别看他个子矮小，但双眼却滴溜溜转个不停，一眼就可看出是个“老江湖”。阿兵是澄海外砂人，因年幼其母病亡，其父忙于生计无暇照管他，自 7 岁起，阿兵就模仿大人们抽烟，并以之为荣。他说，每天放学后燃起一根香烟吞云吐雾，走在同学们中间感觉特有面子。14 岁那年，勉勉强强读至初一的阿兵干脆辍学了，终日跟在乡里几位“大哥”的身后当起了小兄弟。2016 年年初，他结识了乡里一位做餐饮生意的“大哥”。几番来往后，阿兵很得“大哥”喜欢。慢慢地，阿兵也发现了“大哥”原来是“白药仔”，但他不以为然，还认为这是“酷”的表现。某天，趁“大哥”不在家，阿兵偷了一点“白药”尝了尝，并从此成了一名“小道友”。吸上“白药”后，因无钱买“药”，阿兵便在“道友”的“教授”下当起了“鱼虾蟹”庄家，以赌钱为营生。据阿兵称，那些“鱼虾蟹”的骰子都是用磁铁做了手脚的，因此聚赌时基本都是赢钱，有时一天纯收入达三四百元，赚了“工资”后便买"药"过瘾。2017年2月19日，阿兵被警方抓获，在审讯时因药瘾发作口吐白沫，最终阿兵因涉嫌吸毒被公安机关依法予以行政拘留3天，并责令其接受社区戒毒。①

一、吸食毒品的成因

未成年人身体和心理尚未发育健全，其心理和情绪变化具有独特性，以下五种心理样态是导致未成年人实施违法行为的罪魁祸首。

第一，好奇心理。好奇心，是指在遇到新奇的事物后，引起注意、产生操弄意志等一系列的内在心理变化。这是由外界的刺激引起的，刺激越新奇，好奇心就越强烈。好奇心是人类发展的动力之一，也是创新的出发点和重要基础；但是，如果运用不当，好奇心则会成为违法犯罪的"帮凶"。许多人初次接触毒品时，都是怀着抽着玩玩、尝尝新鲜的心理。加之缺乏对于毒品危害的科学认知，认为只吸一口不要紧，以为探索一次，满足好奇心之后便可就此收手，实际上却事与愿违。

第二，从众心理。其主要表现为未成年人盲目寻求认同。未成年人是喜欢从众的，期待获得他人和群体的认可和尊重。若周围的同辈群体沾染毒品，有的未成年人为了避免被疏远，被其他人认为"不合群"，最终往往盲目听信吸毒就和抽烟差不多的荒谬言论，结果被毒品损害身心。

第三，追求刺激和快感心理。处于青春期的未成年人容易产生叛逆心理，常常无视父母、老师的劝诫，以人们所抵制的行为为兴趣点。一些未成年人将吸毒看成一件标新立异、与众不同的事，认为这是时尚、前卫的行为，借此追求刺激和快感。

---

① 改编自H省未成年犯管教真实访谈案例。

第四，寄托心理。未成年人缺乏对于毒品的一些基本认知，容易偏听偏信。一些未成年人深信吸毒具有特殊的功能，听信他人吹嘘的吸毒可以减肥、治疗胃病、缓解压力、消除疲劳、提神醒脑，以为吸食毒品一口飘飘欲仙，能帮助人摆脱烦恼，让人重获新生。这些人都是试图通过毒品麻痹神经，但实际却是填补现实生活中的空虚和无奈。

第五，侥幸心理。经过调查，绝大部分的未成年吸毒者认为偶尔吸食毒品是一种娱乐，不会上瘾，也没有特别的危害，最终一发不可收拾，只能在吸毒的泥沼中越陷越深。

二、 特殊的年纪，特殊的变化

本案中，阿兵认为吸食毒品是一种“酷”的表现，是自己个性化的象征，最终走上吸毒的道路，酿成悔之晚矣的悲剧。未成年人正处于一个特别的年龄阶段，生理上有特殊性，心理上也比较敏感。帮助未成年人远离毒品，就必须帮助未成年人正视自己的生理变化和心理变化，结合自身的行为特点，积极正向思考，坚定正确的成长道路。

生理方面，未成年人身体的各种器官发育尚不完备。处于青春期的未成年人身体发育速度加快，并渐趋成熟，身体各器官及功能急剧变化，性器官逐渐发育并成熟，性意识萌发。这种生理变化使他们在适应社会方面常常感到困惑与不安，若不能及时地加以引导与保护，很容易导致其人格、心灵的扭曲。另外，未成年人此时精神上的渴求也极为强烈。在此阶段的未成年人在情绪上表现为容易冲动，自制力比较差，有时会产生一种孤独感、苦闷感和沮丧感。而且，精神上空虚，会有去追求刺激的冲动，同时有一种自恋情绪和虚荣心态。

心理方面，童年期的未成年人对成年人的依恋感、依赖性较强，角色意识、自我中心意识较强。青春期的未成年人心理上渐趋成熟，独立意识产生，对成年人的依赖减弱，情感色彩强烈，易冲动，心理矛盾性明显，心理处于较复杂的状态。未成年人心理发展的矛盾主要表现为思想意识与心理行为的不稳定性。具体表现为两极性，即情绪行为两极波动；闭锁性与开放性，即对成人封闭，对同伴开放；反叛性，即反叛传统，喜欢标新立异。

未成年人由于社会阅历浅，对毒品知识掌握不足。未成年人对于毒品的无知主要体现为三方面。其一，对于毒品的含义、特征、种类、外形等缺乏必要的知识。其二，对于毒品对个人身心健康的危害程度不是十分了解，对于毒品给家庭和社会带来的危害也认识不全。例如很多未成年人认为毒品和香烟差不多，可以随时抽或者很容易戒掉。其三，法制观念较为淡薄，对于国家的相关毒品政策、法律法规等不了解。有的是盲目触犯，导致违法；有的则是过分害怕被惩治而错过了向专业机关和机构寻求帮助的最佳时期。

意志力薄弱是未成年人的重要特征。对未成年吸毒者进行的大样本数据分析发现，未成年人行为轻率，盲从行为明显。其行为特征为缺乏科学选择、犹豫不决和缺乏果敢。轻率就是行为处事缺乏必要的思考，富于冒险，追求刺激。盲从就是不善加思考，不加斟酌地随身边的伙伴、朋友去吸毒，结果不能自拔。缺乏自制能力的人，容易被身边人或者环境所左右，很容易盲目下决定，类似于冲动。而且，未成年人的意志力呈现两极性。在学习、工作等正确行为上意志力薄弱，在发展吸毒等偏差行为上却有着较强的毅力。未成年人吸毒之后，即使遭受毒品侵害，但是因为其控制力和意志力较弱，常常也难以抵挡毒品的诱惑。

从某种意义上说，未成年人的身心发育正处于一个由不成熟向成熟的过渡时期，也是最容易出现心理和行为异常问题的时期。未成年人的人生观、价值观、世界观正处在形成之中，此时如果不正确认识和处理青春期的好奇和懵懂，沾染了恶劣行为，比如吸食毒品，将为青春的成长付出惨痛“代价”。因此，未成年人必须正视青春期的这些问题，并且积极主动地学习相关知识，在生活学习中保持积极乐观的心态；一旦出现任何生理和心理的问题，应积极寻求家长、教师、医院、心理咨询师等专业人员或有关机构的帮助，科学处理对未知事物的疑惑与好奇，努力做一个遵纪守法的合格公民。

法律小课堂

（一）处罚标准

——《中华人民共和国治安管理处罚法》

第七十二条　有下列行为之一的，处十日以上十五日以下拘留，可以并处二千元以下罚款；情节较轻的，处五日以下拘留或者五百元以下罚款：

（一）非法持有鸦片不满二百克、海洛因或者甲基苯丙胺不满十克或者其他少量毒品的；

（二）向他人提供毒品的；

（三）吸食、注射毒品的；

（四）胁迫、欺骗医务人员开具麻醉药品、精神药品的。

（二）戒毒规定

——《中华人民共和国禁毒法》

第三十一条　国家采取各种措施帮助吸毒人员戒除毒瘾，

教育和挽救吸毒人员。吸毒成瘾人员应当进行戒毒治疗。吸毒成瘾的认定办法，由国务院卫生行政部门、药品监督管理部门、公安部门规定。

第三十三条　对吸毒成瘾人员，公安机关可以责令其接受社区戒毒，同时通知吸毒人员户籍所在地或者现居住地的城市街道办事处、乡镇人民政府。社区戒毒的期限为三年。

第三十八条　吸毒成瘾人员有下列情形之一的，由县级以上人民政府公安机关作出强制隔离戒毒的决定：

（一）拒绝接受社区戒毒的；

（二）在社区戒毒期间吸食、注射毒品的；

（三）严重违反社区戒毒协议的；

（四）经社区戒毒、强制隔离戒毒后再次吸食、注射毒品的。

第三十九条　怀孕或者正在哺乳自己不满一周岁婴儿的妇女吸毒成瘾的，不适用强制隔离戒毒。不满十六周岁的未成年人吸毒成瘾的，可以不适用强制隔离戒毒。

对依照前款规定不适用强制隔离戒毒的吸毒成瘾人员，依照本法规定进行社区戒毒，由负责社区戒毒工作的城市街道办事处、乡镇人民政府加强帮助、教育和监督，督促落实社区戒毒措施。

第四十一条　对被决定予以强制隔离戒毒的人员，由作出决定的公安机关送强制隔离戒毒场所执行。强制隔离戒毒场所的设置、管理体制和经费保障，由国务院规定。

第四十三条　强制隔离戒毒场所应当根据戒毒人员吸食、注射毒品的种类及成瘾程度等，对戒毒人员进行有针对性的生理、心理治疗和身体康复训练。根据戒毒的需要，强制隔离戒毒场所可以组织戒毒人员参加必要的生产劳动，对戒毒人员进行职业技能培训。组织戒毒人员参加生产劳动的，应当支付劳动报酬。

第四十七条　强制隔离戒毒的期限为二年。执行强制隔离戒毒一年后，经诊断评估，对于戒毒情况良好的戒毒人员，强制隔离戒毒场所可以提出提前解除强制隔离戒毒的意见，报强制隔离戒毒的决定机关批准。强制隔离戒毒期满前，经诊断评估，对于需要延长戒毒期限的戒毒人员，由强制隔离戒毒场所提出延长戒毒期限的意见，报强制隔离戒毒的决定机关批准。强制隔离戒毒的期限最长可以延长一年。

第六十二条　吸食、注射毒品的，依法给予治安管理处罚。吸毒人员主动到公安机关登记或者到有资质的医疗机构接受戒毒治疗的，不予处罚。

如何应对焦虑的青春期

“少年不识愁滋味”，忧愁是每个年龄阶段的人都会遇到的问题。青春期的未成年人正处于生理发育和价值观塑造的关键阶段，学习压力和生活中的困难都会加剧其青春期的焦虑，若不正确对待，不仅不利于个人成长，而且很容易误入歧路。

那么，未成年人如何应对青春期的焦虑呢？

1. 疏导法。家长、老师或者朋友，应当对处于焦虑状态下的青少年进行劝导、鼓励和关心，帮助他们进行自我排解和领悟，增加他们面对困难的信心和勇气，调动他们的主观能动性去解决困难，走出焦虑。

2. 学习法。未成年人可以通过阅读有益身心的书籍，观看具有教育性、启发性的视频，培养良好的自我认知，树立正确的价值观，增强自身的抗焦虑能力。

3. 倾诉法。未成年人应该参与运动和积极交友。焦虑很大程度是由于遇到困难之后产生的孤独、惊恐等不良情绪得不到发泄而产生的。因此，培养一个有益的体育爱好进行发泄，找到一个真心的良友互相倾诉都是排解焦虑的正确方式。

4. 咨询法。如果未成年人的焦虑情况比较严重，建议咨询专家和医生，进行积极治疗。“早预防、早发现、早解决”，切勿因病忌医。

辍学早，缺关爱——未成年人“禁毒”家庭防线的失守

小马幼年父母离异，跟随父亲马某一起生活。父亲平日忙于工作，疏于与他交流，母亲再嫁他人，对于小马的关心也越来越少。后来父亲再婚，添了一个弟弟，后妈对小马的态度也比较冷漠。由于家庭温暖和家庭教育的缺失，小马变得不思进取，整天逃学在外，无所事事。父亲马某见其成绩一塌糊涂，便让他跟随其小叔去打工。于是，小马14岁才读完初中一年级便不再求学，跟随亲戚外出打工。在外打工期间，小马经常出入娱乐场所，并在网吧里结识了毒贩毛某某。2014年5月11日，小马伙同毛某某至本市闵行区某台球会所二楼，将一小包白色晶体卖给吸毒人员时被公安机关当场查获，并在其衣物内查获白色晶体五包。经鉴定，上述六包白色晶体共计净重3.24克，均检出甲基苯丙胺成分。小马到案后如实供述了上述犯罪事实。综合小马犯罪时已满16周岁不满18周岁，到案后能够如实供述自己的罪行、认罪悔罪态度较好、共同犯罪中作用较小，法院最终认定小马犯贩卖毒品罪，依法判处拘役五个月，

并处罚金人民币 1000 元。①

上述案例中，小马的原生家庭环境是导致小马沾染毒品，最终走上贩卖毒品的道路的重要原因。在家庭责任上，小马父母和继母严重失职，并未承担应负的义务。作为父母，应当创造有利于孩子成长的家庭环境，即便是婚姻关系有变动，也应当给予未成年子女充分的关心和关爱。同时，在教育问题上，小马的父亲和继母也侵犯了小马的受教育权。我国法律规定，未成年人应当完成九年制义务教育。小马属于应当接受义务教育的阶段，这不仅是小马自身的义务，也是父母的义务。其实，若小马能在学校完成学业，学习知识和技能，小马形成健全人格的可能性更大，接触社会不良群体的概率也更低。

一、 恶劣家庭环境是未成年人吸毒行为的温床

吸毒的未成年人通常具有一种人格缺陷，这是指人格的某些特征相对于正常人而言处于一种边缘状态或亚健康状态。吸毒人员普遍具有反社会型、边缘型、回避型、偏执型等人格，此类人格又被称为易成瘾型人格。人格缺陷的形成受很多因素影响，生理上的某种病变，成长过程中的某些不良经历都会促成人格缺陷的形成。吸毒未成年人人格缺陷形成的关键在于环境因素与青少年自身特征的相互作用。其中，环境因素包括家庭、学校及社会环境三类。而最重要的因素是家庭因素，正如本案中小马的原生家庭是导致小马沾

① 改编自《聚焦上海一中法院未成年人毒品犯罪典型案例》，载上海法院网：http：//shfy. chinacourt. gov. cn/article/index/id/MzAqMDAwMiAOAAA. shtml，2019 年 3 月 8 日。

染毒品，最终走上贩卖毒品的道路。父母是孩子的第一任老师，尽管家庭因素并不直接导致青少年犯罪，但是家庭不良的教养方式，潜移默化地影响着未成年人的世界观、人身观、价值观和行为模式，往往成为导致青少年违法犯罪的基础。在未成年人吸毒案例和涉毒案例中，其原生家庭呈现出一个重要的特征，即家庭结构不完整或者家庭教育方式不当，主要表现为溺爱型、粗暴型、放任型。三种教育方式都对未成年人缺乏必要的管束和关心，也缺乏有效的沟通方式，致使未成年人个性发展失衡，形成人格缺陷、行为失当，极容易受到诱惑。

原生家庭结构不完整是导致未成年人人格缺陷最主要的原因。家庭结构有缺陷，是指家庭结构的完整性遭到破坏，如父母离异，父母一方或双方死亡、服刑及其他原因离开。家庭结构的不完整使得部分父母与子女缺乏情感交流，未成年人得不到理解，逐渐形成孤僻冷漠、内向自卑、敏感多疑的人格。这种不健康的性格极容易导致未成年人形成不良行为习惯。如果得不到家庭的爱护，未成年人倾向于向外界寻求精神寄托，但他们心智又尚未成熟，辨别能力不足，很容易受到坏人教唆走上违法犯罪道路。因此，家庭对于一个人的成长至关重要。常言道，父母是孩子的启蒙老师，父母的一言一行往往成为孩子的学习榜样，这就是“语言教育”和“行为教育”。不健康的家庭，往往会对孩子的成长产生负面影响。家庭矛盾长期存在和激化是导致家庭成员吸毒的一大原因。父母离异、家庭解体、父母亲对子女漠不关心、放任自流，容易使未成年人产生自卑、自私、自负心理。于是，寻找自我价值成为吸毒者的借口。

同时，家庭教育方式的偏差也是造成未成年人人格缺陷的重要原因。经过粗暴型教育方式培养的未成年人，常常表现出焦虑、紧张、易怒、沮丧，易形成情绪波动和对刺激反应强烈等人格缺陷。

家长对子女的“控制”往往导致子女的逆反心理。每一位家长都要求子女听话，都将子女的计划安排得完美。事实上，家长只是将自己的“三观”强加于子女，期待子女按部就班地学习和交友。父母设定子女的生活目标，安排子女实现被安排的梦想，最终这些孩子沦为父母的“衍生品”，这就是父母对子女的控制思想。这种控制以爱心为前提，却会引起青少年的逃避和叛逆。家长越是想方设法控制子女，就越容易引起孩子的逆反心理。有的未成年人上网成瘾，有的追星成瘾，有的染上了毒瘾，子女的“成瘾性”其实就是为了逃避父母的控制，这是一种反向推动力。父母若采取溺爱型教育方式，其子女可能产生冷漠、倔强、唯我独尊的人格缺陷。不当的教育方法可能使得子女疏远父母，过度构建自我，渐渐产生诸多心理问题，形成扭曲的人格。此时，本就处于弱势地位的未成年人转而寻求家庭以外的心理安慰和满足，这便是部分未成人吸毒的最初原因。

由于学校教育的规范化，以及高校教育文凭作为唯一的认可凭证，诸多父母进而寄希望于学校能规制和教育其子女。可父母们通常看不到学校教育中存在的一些弱点，即学校的师资力量有限而学生人数众多，且学生在学校学习的时间较短，老师无法有效观察和了解每位学生的特点和问题，进而导致学校教育容易忽视对未成年人的个性化培养和潜能的激发。望子成龙、望女成凤本是人之常情，但应该适度。如花钱送孩子进好的学校、给孩子请好的家教，甚至花大钱拼命将孩子送进所谓的“快班”无可厚非。但是父母应当清楚花钱所购买的知识充其量只是应试教育所需的课本知识，而不是独立思考、与人有效沟通、解决问题和判断是非能力等社会实践所需要的真本领。

二、“新生” 之路

吸毒成瘾是一种慢性的、复杂性的脑部疾病，而不是道德败坏的表现，与高血压、糖尿病等疾病一样需要长期治疗。因此，戒毒治疗是一项长期又艰苦的工程，绝不要妄想一蹴而就，幻想将吸食者送入强制戒毒所或者戒毒医院就能一劳永逸地解决问题是不现实的。正所谓，罗马并非一日建成的。戒毒过程就是一场在漫长岁月中不懈的斗争史，吸毒者的亲人就是您受伤的战友，而敌人就是毒品。家属需要做好长期抗战的心理准备，在这个过程中必须保持着百折不挠、不抛弃、不放弃的斗志，坚定内心，承受屡吸屡戒的挫败感，帮助子女摆脱毒品泥潭，重获新生。知己知彼，方可百战不殆，要想打败敌人，就得先了解敌人。

我们常说毒品碰不得，因为它会让人产生依赖，即所谓的毒瘾。这是指人在吸毒成瘾后，为了解决因毒品带来的生理疼痛和心理难受问题，不得不继续吸毒的通俗说法，在医学上又分为生理依赖（体瘾）和心理依赖（心瘾）。从心理上来说，人之所以吸毒，其实是一种人格障碍、心理压抑，以及精神病态的表现。在自身找不到解决方法，又因为孤僻找不到帮助的情况下，不得不委身于毒品，妄想通过吸毒逃避自身的困境。从毒品类型来看，传统毒品（海洛因、可卡因等）主要以生理依赖（体瘾）为主，而合成毒品（冰毒、麻古、摇头丸、K 粉等）主要使人产生心理依赖（心瘾）。为了更好地保护未成年人，拯救毒瘾少年，家属需要准确辨别未成年人吸食毒品高发的环境，调整家庭架构和弥补教育方式的不足，为未成年人营造健康的成长氛围。

吸食毒品未成年人的家庭特征通常为：

1. 家庭结构不稳定，成员关系差，如父母离婚或是经常吵架。

2. 父母极度溺爱子女，使之丧失进取追求之心，精神陷入极度空虚状态。

3. 父母忙于事业，很少给子女良好的教育与关爱，使之长期缺失亲情温暖。

4. 与家庭沟通不足，未成年人抗压能力差，持有悲观消极心态。

5. 家庭遭遇重大改变，或是未成年人受到家人斥责，从此一蹶不振。

因此，首先必须准确识别未成年人子女是否吸毒。一般而言，朝夕相处的亲人，最能直观感受到吸毒者行为和举止的转变。作为家属如果发现他们的行为与之前判若两人，并且在家中或其他物品内发现疑似毒品或吸毒工具，则有可能吸毒，其具体表现包括以下几方面：

1. 经济状况明显变化。花钱无节制，固定的生活费用总是被提前花完，经常撒谎向父母索要金钱。或者发现其向亲朋好友经常借钱；或是发现其变卖家中值钱的物品。

2. 作息时间不正常。出现连续几日彻夜不眠，或者连续几日卧床不起，睡觉时出现异常的抽搐、磨牙、出汗，并伴有厌食和浮躁等症状。

3. 精神情绪不稳定。时而非常温顺，时而暴跳如雷。记忆混乱，经常忘事，重复讲相同的话。做事时注意力无法集中，无法专心学习，厌恶甚至痛恨学习。对周围的人开始变得冷漠，不关心身边的人和事，对身边特定的朋友表现得异常热情，常常成群结队离家几日。偏执且任性，尤其是吸食新型毒品后，往往喜欢重复做一些事，如擦地板、洗车、通宵玩游戏等，更恶劣行为则如撕扯物品、拆电器、砸家具等。

4. 行为异常。进出厕所频率高，时间久，身上带有一股不同于香烟的气味。经常出现焦虑不安、忽冷忽热、起鸡皮疙瘩、流泪、流涕、恶心、呕吐、腹痛、腹泻、寒战、全身骨骼和肌肉酸痛等症状。而且，去厕所或是外出一趟后，症状就会消失。或是隔三差五不回家，喜欢与他人聚集在酒吧、KTV 等娱乐场所。常常出现自言自语，莫名其妙地说有人要害自己，或是说看到神仙鬼怪。这些其实是新型毒品导致的幻觉、幻听、迫害妄想症。

5. 性格怪僻。不相信任何人的话，开始多疑并猜忌，自我意识极强。比如怀疑父母出轨，任其如何解释，都只固执相信自己的判断。

6. 身体变化。手脚上莫名出现一些针孔，皮肤开始长痤疮、发炎、发痒等。饮食不规律，如食欲大减，一段时间后体重骤降。如果是吸食海洛因的，那就会变得骨瘦如柴。本身有一些疾病史的人，吸毒就会导致疾病复发或是更加严重，如有胃病、高血压、乙肝等病史。长期吸毒的人，由于牙齿表面珐琅质受冰毒的腐蚀，发生化学反应，故而牙齿发黄，而且有一股金属味。

需结合以上基本特征综合判断，仅凭任何单项并不能准确判断身边人是否吸毒。辨别“瘾君子”需要综合多方面情况判断，但这种判断也不见得百分之百准确，毕竟从症状反推行为方式是一种猜测。因此，若发现未成年子女有以上疑似吸毒的迹象，最科学的方法是通过尿液或毛发检测等方式，科学判断子女是否吸毒，并通过科学的手段帮助未成年人战胜毒品，重拾灿烂的青春。

法律小课堂

（一）教育权

——《中华人民共和国义务教育法》

第四条　凡具有中华人民共和国国籍的适龄儿童、少年，不分性别、民族、种族、家庭财产状况、宗教信仰等，依法享有平等接受义务教育的权利，并履行接受义务教育的义务。

凡年满六周年的儿童，其父母或者其他法定监护人应当送其入学接受并完成义务教育；条件不具备的地区的儿童，可以推迟到七周岁。适龄儿童、少年因身体状况需要延缓入学或者休学的，其父母或者其他法定监护人应当提出申请，由当地乡镇人民政府或者县级人民政府教育行政部门批准。

（二）未成年人的父母或者其他监护人责任

——《中华人民共和国禁毒法》

第十八条　未成年人的父母或者其他监护人应当对未成年人进行毒品危害的教育，防止其吸食、注射毒品或者进行其他毒品违法犯罪活动。

父母如何正确引导子女

父母是孩子的第一任老师，也是孩子终生的老师。父母对于引导青春期的子女走上健康成长的道路起着至关重要的作用。

首先，父母应该为未成年人营造一个健康温馨的家庭环境。父母应当以身作则，若发生家庭矛盾应该尽量冷静处理、增强沟通，避免发生暴力、争吵和辱骂等。此外，家庭生活的本质是不同的人为追求幸福而结合在一起，彼此之间应当不断磨合，学会包容和理解，承担自己对家庭的责任。同时，应当尽量保持家庭的完整性，即使离婚，也应该给予子女充分的关心和呵护。

其次，父母应该选择适合未成年人的教育方式。现今未成年人相对较早熟，父母应积极关注青少年微妙的心理变化，不可溺爱放纵之，不可听之任之，也不可一味施加暴力，采用“棍棒”教育。应该根据未成年人的性格和问题，采取针对性引导，培养其正确的世界观、人生观和价值观。

无知又无畏——未成年人“禁毒”学校防线的坍塌

2010年7月5日，一则消息震惊了广西灌阳县：该县初中的一名学生，因为吸食毒品而死亡。死亡的学生名叫陈某，在桂林市灌阳县民族中学读初中一年级，事发当天中午，陈某从学校回到家中，当时他坐在客厅沙发上，突然口吐白沫倒在地上，四肢抽搐，神志不清，家人赶紧拨打了120急救电话。经过几个小时的抢救，也没能留住陈某的生命。灌阳县公安局民警也来到医院为陈某做了尿检，证明他曾吸食毒品K粉，医院也认定陈某的死亡原因是过量吸食K粉而导致呼吸循环衰竭。这是灌阳县第一例未成年人吸毒死亡的案例。沿着这名学生死亡的线索，记者调查了校园里孩子们面临的“白色”诱惑。部分成绩差且不受到老师重视的学生，常常通过极端行为来抵制老师或者博取关注，其中部分学生从校外不良群体获得了具有精美伪包装的毒品（以口香糖和香烟为主）。这些毒品不断污染着纯净自由的校园，陈某事件便是一次警醒！①

一、 学校禁毒教育势在必行

当今社会未成年学生吸食毒品已经不是个例。这些事件有一个共同特点，学生缺乏毒品知识，学校对预防学生吸毒的禁毒教育重视度不足。尤其是近年来，毒品不断花样翻新，各类新型毒品层出不穷。制毒者、贩毒者不断“推陈出新”，玩转花样，不少新型毒品披着华丽的外衣，如包装成奶茶、巧克力、安眠药、减肥药等，混淆未成年人对毒品的认知。毒品吸食者呈现日益向低龄化发展趋势，大部分毒品吸食者于12~20岁阶段开始接触毒品，而这一阶段本应是灿烂的初中、高中与大学时光，却被毒品无情污染。这些残酷的现实折射出学校教育中的疏漏。重视青少年吸毒预防教育工作，全面开展中小学校毒品预防教育刻不容缓。

毒贩巧妙运用未成年人正处于身心快速发展阶段、社会经验积累不足、好奇心强、辨别是非能力弱、对新型毒品缺乏系统认识等弱点，千方百计引诱青少年接触、吸食毒品。面对当前毒品预防的新形势，最好的预防便是清晰明白地了解相关毒品知识，认清毒品的危害，从小抓起，防微杜渐。作为连接家庭和社会的桥梁，学校教育是人类传承文明成果的一种方式和途径。在当前教育体系中，未成年人成长与发展主要是依靠稳定而广泛的学校教育，从家庭走向社会的缓冲地带也是学校。学校是依照法律法规和教育教学计划，有组织、有目的地向社会成员传授社会主义核心价值观念、社

---

① 参见《盘点：中学生触目惊心的吸毒案例》，载中国警察网：http：//626.cpd.cn/n2004576/c14055143/content.html，2012年10月8日发布，2020年4月11日访问。

会行为规范、生活基本技能和科学文化知识的教育场所。当未成年人达到一定年龄，家庭教育的影响逐步被学校教育所替代，并逐渐上升到主导地位，成为社会化中最重要的因素。因此，未成年人的毒品预防教育，学校起着至关重要的作用，把毒品预防教育融入学校教育是当代社会赋予学校的特殊要求。

学校的重要任务不仅是帮助学生掌握知识和技能，更为重要的任务是育人，培育符合时代要求、遵纪守法、积极向上的祖国栋梁。学校教育应为未成年人多样化的发展提供可能和条件，帮助未成年人更好地融入群体和社会当中；帮助未成年人获得终身学习和发展的动力、热情和必备基础；帮助未成年人在纷杂的事物中学会选择，形成必需的价值判断能力；帮助未成年人建立独立健全的人格和鲜明健康个性；帮助未成年人形成善良的人性、优雅的举止；帮助未成年人清醒而客观地认识自身价值和在社会上恰当的位置，并养成时时自我反省的习惯；帮助未成年人逐渐意识到自己所承担的责任，包括对自己、对家庭、对社会、对国家和对人类的责任。

二、 学校禁毒教育的具体方式

第一，分段教育，即针对不同年龄段制定不同方案。学校禁毒教育应讲授毒品基本知识，运用案例展示毒品危害，让“远离毒品”的观念深植人心，辅助未成年人迅速识别“毒友”，坚定拒绝恶意引诱。针对不同年龄阶段的未成年人，根据其阶段性特点制定相关的方案，开展形式各样的禁毒教育。对此，可借鉴、引进外国学校毒品预防教育的先进理念和优秀经验，再结合地区、学校的实际情况，进一步丰富学校毒品预防教育的形式。例如，美国实施药物滥用防治教育计划，由警察深入中小学校对学生进行反毒宣导，并配有生动的漫画，以吸引学童。英国举办反毒品画展，号召孩子们用明亮鲜艳的色彩反映出毒品和酒精的阴暗主题。俄罗斯成立反毒品俱乐部，每年开展宣传活动，免费发放关于毒品危害的资料，组织观看禁毒资料片，邀请专家在校园和社区内开展反毒品宣传。西班牙实行的禁毒教育计划，对6~16岁未成年人分多个年龄段，设置毒品预防教育合格标准，对达标者颁发毒品预防合格证书。

学校在制订毒品预防教育计划的时候应当针对不同年龄或不同发展阶段的特征制定目标，选择青少年易于接受的宣传教育方式。创新宣传教育的载体，运用社会上喜闻乐见的形式，推动毒品预防教育深入校园每一个角落，深入所有未成年人的内心。近年来，我国的学校禁毒教育也有了一定发展，譬如为了检验在校学生禁毒知识的学习效果，国家禁毒办连续三年组织开展全国青少年禁毒知识竞赛。2018年全国青少年禁毒知识竞赛共有14.9万所学校的5235万名中（职）小学生通过全国青少年毒品预防教育数字化平台参与网络初赛，带动了1.6亿人（次）关注、学习禁毒知识。为了最大限度地调动学生的积极性，一些学校还开展禁毒演讲比赛、禁毒知识讲座、禁毒黑板报评比、禁毒电影放映、学校电子屏播放禁毒宣传片、“6·27”禁毒宣誓等丰富活动。

第二，个性教学。这需杜绝形式主义化，注重禁毒教育的实效性。遵循“识毒—防毒—拒毒—禁毒”的认识发展规律，通过各学科的有效途径，提升未成年人辨别是非、心理调适、正确交友和适应社会的能力，以及对不良环境、不良刺激的自控力、承受力和抵抗力，从而使得未成年人了解认识毒品基本知识，清楚毒品问题产生的原因，知晓毒品对个人、家庭和社会造成的危害。学校应按照教育部《中小学生毒品预防专题教育大纲》的要求，积极落实禁毒教育课，在教学计划中列出毒品预防教育的课程规划，把传统的知识传授与毒品预防教育的内容结合在一起，抽调专门教师负责毒品预防教育的教学任务，安排专门课时，确保学校所有学生接受教育。毒品预防教育课程要灵活设计教学形式，还要走出课堂，开展形式多样的教育活动，开发内涵丰富的主题教育实践活动，也可以开发设计一些禁毒游戏项目等。禁毒教育课程应分层次设计教学内容、策划教学活动、创新教学手段，摒弃以往死板灌输、随意教学、主题混乱的教学模式。

第三，构建专业师资队伍。学校毒品预防教育开展关键在教师。因此，建立并强化毒品预防教育专门的师资队伍，制定毒品预防教育教师的专业标准，构建培训工作机制并建立师资培养基地。例如，在“国培计划”“省培计划”等培训中开展毒品预防教育教师专题培训，通过专题讲座、专家引领、典型案例、资料展示等方式，进一步促进毒品预防教育教师全面、系统地掌握禁毒知识和预防教育技能，以保证毒品预防教育的顺利开展。

法律小课堂

——《中华人民共和国禁毒法》

第十三条　教育行政部门、学校应当将禁毒知识纳入教育、教学内容，对学生进行禁毒宣传教育。公安机关、司法行政部门和卫生行政部门应当予以协助。

——教育部《中小学生毒品预防专题教育大纲》

一、总目标

在各学科渗透毒品预防教育的基础上，通过专题教育的形式，培养学生健康的生活情趣、毒品预防意识和社会责任感，掌握一些自我保护的方法，做“珍爱生命、拒绝毒品”的人。

二、分目标

小学：了解毒品危害的简单知识，远离毒品危害。

初中：了解有关禁毒的法律知识，拒绝毒品诱惑。

高中：学会自我保护，培养禁毒意识和社会责任感，发现可疑情况能够及时报告。

如何让学校生活充满阳光？

学校是未成年人成长的重要基地。在一定程度上，校园生活是否健康充实决定了未成年人的未来。如果在学校生活过程中面临教师的不理解、同学的排斥以及自身学习能力不足等问题，未成年人应当回归纯真的本心，纠正错误，勇往直前，而不应当以毒品为寄托，试图建立虚幻的自我。

1. 积极主动学习知识。学校是知识的殿堂，知识带领未成年人翻越高山，去领略最纯粹的理论。同时，未成年人应将学习的理论转换为实践，为行动的道路铺路搭桥。未成年人不仅应该学习理论性和实用性知识，积极主动思考，更应当从反面案例中警醒自身，时刻告诫自己远离违法犯罪，时刻保持清醒的头脑。总之，用知识武装头脑，绝不因无知而轻易尝试毒品等危险物品。

2. 保持积极乐观的心态。人的一生，漫长且坎坷，天降大任于斯人也，必先苦其心智，劳其筋骨，饿其体肤。若在学校成绩不如意，不应当自暴自弃，而应积极寻找问题所在，尝试向同学、教师和家长寻求帮助，真正地解决问题。若受到同学的嘲笑或者排斥，可以尝试自省，亦可向朋友、教师与父母倾诉，从他人帮助和建议中反思，修正自身，做一名乐于助人、积极乐观的学生。

3. 尊重教师，敬畏知识。教师是神圣的职业，教师是园丁、是蜡烛、是千千万万未成年人的灯塔，指引着前进的方向。学生应当尊重教师，敬畏知识，虚心向老师请教，积极主动与教师沟通，化解误会与矛盾，促进和谐师生关系的建立。若教师存在失职或者其他恶意行为，也可以告知父母，并向校方举报，坚决反抗恶意歧视、精神压迫以及身体处罚，勇敢维护自身的合法权利。

外界引诱与教唆——未成年人染毒的社会诱因

【案例一】某日警察收到举报，称某小区的住户聚众吸食毒品。随后，民警在出租屋内发现一群男女四仰八叉地倒在地上、床上。一旁桌上散落着自制的简易吸毒“冰壶”，租房人玲玲还正眯着眼摇头晃脑。民警将这群男女一并带回派出所，经尿检，显示均为阳性，玲玲因涉嫌容留他人吸毒罪被检察院提起公诉。日前，法院审结了此案，玲玲因容留他人吸毒罪被判处拘役五个月，并处罚金一千元。

年仅17岁的玲玲来自W省的一个小县城，初中毕业后便不再上学，独自一人来到N市KTV做服务生。在工作过程中她结识了同乡小芳、强哥等人，迅速与他们结成小团体。一天晚上，一行人在玲玲的出租屋内聚餐，随后强哥神秘兮兮地掏出一个黑色塑料小包，并声称这是冰毒，是个“新玩意儿”，只要吸上那么一点儿，保管欲仙欲死。看着大家都争先恐后地上去吸，玲玲实在按捺不住内心的好奇，凑上去吸了一口。然后，玲珑就经常“招待”小团体成员在本人承租的房屋内吸毒，直至被公安机关抓获。①

【案例二】2018年12月29日凌晨，33岁的唐某和34岁的熊某二人将张某等三名未成年女生带至一酒店内。熊某使用吸毒工具示范吸食方法，并谎称其吸食的是“水烟”，很过瘾。见几个女孩子将信将疑，他同时让女友唐某以带头吸食的方式引诱三名女生吸食“麻果”。经不住唐某、熊某的多次劝说，最终张某与王某难敌诱惑吸食了毒品。后经人报警，他们被带回公安机关审查。据查，吸食毒品的两名未成年少女分别为14岁和15岁。根据《中华人民共和国刑法》第353条的规定，2019年4月24日唐某、熊某被某区人民检察院以涉嫌引诱、教唆、欺骗他人吸毒罪提起公诉。2019年5月10日，经开庭审理，二人分别被判处有期徒刑一年四个月和一年二个月，均被并处罚金5000元。②

一、 未成年人涉毒的主要途径：朋辈群体引诱

未成年人的成长历程是借助社会交往习得社会规范，并形成社会化个性的过程。一旦脱离正常的社会交往，形成心理疏远，其社会化过程就会被阻断，可以说未成年人离不开社会交往。但是涉世未深的未成年人，辨别朋友和处理人际关系的能力均不足，若是不幸结交不良群体，极易走上歧途。大部分未成年人第一次吸食毒品并非主动为之，而主要是受朋辈群体或者社会人员的引诱、欺骗、教唆。未成年人吸食毒品一般都会有成年吸毒者的参与。就场所而

---

① 改编自《早恋、网恋、吸毒……未成年人“朋友圈”注意安全》，载“中国禁毒”（国家禁毒委员会办公室官方微信平台）第637期。

② 改编自《教唆未成年人吸毒，江夏两男子被判刑》，载《长江日报》电子版，http：//www.cjrbapp.cjn.n/wuhan/p/106149.html，2019年4月5日访问。

言，酒吧、KTV、网吧、舞厅等娱乐场所已经成为未成年人感染吸毒恶习的主要场所。在这些娱乐场所的未成年工作人员更是涉毒高危人群。除此之外，微信群、QQ 群等社交平台也成为不法人员“拉人下水”，吸引未成年人吸毒、贩毒的新渠道。

娱乐场所已经成为留守未成年人和辍学未成年人的聚集地。在这些地方，未成年人往往容易结识社会吸毒人员，最终陷入毒品深渊。一方面，因为这类未成年人父母长期在外而对他们疏于监管，致使这两类人群长期逗留于网吧、KTV 等娱乐场所，以此消磨时光。另一方面，这些场所里并不禁止有吸毒等不良行为的人入内，再加上容易吸引年轻人聚集，故而成为犯罪分子诱骗他人吸食毒品进而贩卖毒品的首选之地，从而成为不良行为人员交叉感染的绝佳之地。

管理不规范的娱乐场所鱼龙混杂，陷阱颇多，未成年人心智不全，经验不深，容易被引诱。在我国，娱乐场所是指以营利为目的，并向公众开放、消费者自娱自乐的歌舞、游艺等场所。我国对于娱乐场所的管理有严格规定，2006 年国务院《娱乐场所管理条例》规定，有因吸食、注射毒品曾被强制戒毒的；卖淫、嫖娼曾被处以行政拘留的；有贩卖毒品等违法犯罪行为的人员不得开设娱乐场所或在里面从业；歌舞娱乐场所不得接待未成年人等。但是，有些娱乐场所经营人员为了招揽生意，对于未成年人进入娱乐场所通常是采取默许态度，对于娱乐场所里的吸毒等违法行为也通常是睁一只眼，闭一只眼。

政府机关应该加强对娱乐场所的巡查，加强对非法行为的打击。此外，娱乐场所的经营者应当唤醒良知，回归初心，认真遵守国家禁毒的法律法规，禁止未成年人进入场所内，严格落实禁毒防范措施，预防毒品违法犯罪在本场所内发生。一旦发现娱乐场所内有毒品违法犯罪活动的，应立即向公安机关报告，决不能为了招揽生意或者碍于情面而容留他人吸毒。禁绝毒品，人人有责，作为公共场所的经营者、管理者，更应提高防毒拒毒的责任意识。当然，最为重要是，未成年人应当树立良好的生活习惯，不进出娱乐场所，不交“损友”，多交“益友”，不盲目听信他人恶意引诱，时刻保持对毒品的高度警惕。

二、黯淡的星光是迷途之鉴

青春期的孩子难免沉迷美好的事物，崇拜娱乐圈光鲜亮丽的明星偶像，这也是未成年人内心愿景的一种投射。未成年人还未塑造完整的价值观、人生观、世界观，熠熠星光总会对其有莫名的吸引力和感召力。各种“网红”往往引得无数粉丝跟风效仿其说话或者行为方式，未成年人更是粉丝群体的重要力量。但是近年来，明星吸毒现象屡屡见诸报端。因此，应当清楚认识到，吸毒等违法行为绝不能成为所谓“后援团”“粉丝会”所信奉的行为圭臬，吸毒不是效仿偶像、不是耍酷，而是毁灭自身。尤其是未成年人躁动、懵懂且单纯，常常模仿偶像，最终在无法准确辨认行为性质的情况下，走上迷途。未成年人应当清楚地认识到吸毒的危害性。吸毒不仅损害身心，破坏家庭，更会影响社会的进步与和谐。

娱乐圈明星吸毒的案例比比皆是，他们本应为“粉丝”树立好榜样，却也深陷“毒潭”。星光黯淡，留下的是无数次惋惜、哀叹和唾弃。未成年人追星无可厚非，但应把握好度、取好舍坏。“三人行，必有我师焉。择其善者而从之，其不善者而改之”，这句格言今时今日仍不过时！

三、多方助力毒品防控

防控毒品是一个漫长、曲折的过程。有的时候，毒品会悄无声息地来到我们身边，它可能潜伏在社区的角落、街角、小巷。禁毒，是一场人民战争。只有全社会共同努力才能编织一张防毒、禁毒的巨网。完成这项艰巨的任务，既需要加强国际合作，切断外界毒源，也需要国家严控局势，完善禁毒的相关法律法规。同时设立专门的科研机构，研究未成年人吸毒行为和犯罪的特点、成因、发展趋势和防治对策，打下良好的理论基础。再整合协调戒毒管理机构，会同卫生、民政、社会福利等部门共同管理戒毒相关工作，这样才能不断提升预防毒品泛滥、打击毒品犯罪的成效。

预防未成年人涉毒需要从社会层面提升全社会公民自愿远离毒品的意识，这才是禁毒的重中之重。只有每个人切身意识到毒品的严重危害性，才能减少毒品违法犯罪，避免未成年人及其他人员走上吸毒甚至是毒品犯罪的道路。对于预防毒品犯罪的工作，需要由各级政府领导、公安禁毒部门主管、各级职能部门齐心协力、社会团体共同参与。通过对禁毒宣传教育，使禁毒观念深入人心，逐渐提高公民的禁毒意识。根据我国毒品问题的实际情况，禁毒教育的重点有三类：未成年人、吸毒者、易染毒特殊人群。对他们应当分别进行有针对性的禁毒宣传教育。

第一，利用信息网络平台，扩大禁毒教育宣传面。未成年人抵制诱惑的能力不强，禁毒意识薄弱，极有可能受社会负面因素影响染上毒品，因此，对未成年人的禁毒宣传教育不容忽视。如今社会日益开放，特别是信息网络日益发达，信息传播量增长，未成年人在校期间接触社会的机会和渠道更丰富，因此未成年人禁毒宣传教育可以更生动、形象，如播放录制的纪录片或者影视作品，使禁毒宣传教育更科学、更实际、更全面。未成年人也应积极主动学习相关知识，从鲜活案例中获得启发，从思想与行为上坚决远离毒品。

第二，强化戒毒信念，挽救吸毒未成年人。对于吸毒人员的宣传教育应侧重教育方面，严格坚持“教育、挽救、治疗、康复”的方针，强制隔离戒毒场所对吸毒人员进行“人性化”管理教育，创造意蕴丰富的“无声”教育。

未成年人在此过程中，应当保持正确的态度。其一，辩证看待，树立信心。大部分吸毒人员服从管理，有戒断毒品的决心，在工作人员帮助下，大多数吸毒人员都会有不同程度改善。不可否认的是，毒瘾带来的折磨是残忍的，不能因为无法抵抗毒瘾而妄自菲薄，应该苦练恒心，与毒魔苦战到底。其二，端正态度，积极配合。戒毒场所的工作人员应带着真情去关心、爱护和教育吸毒未成年人，不能存在歧视心态和消极心理。对此，深陷泥潭的未成年人应该积极配合接受管理教育，直面痛苦，战胜痛苦。与此同时，若戒毒机构存在违法犯罪行为，也可以及时举报，维护自身合法权利。其三，坚定信念，循序渐进。转化一个吸毒者是一项艰巨的任务，需要漫长的过程，也不可能一帆风顺。因为吸毒成瘾的形成因素是多方面的，盲目认为谈几次话、短期强制戒毒就能解决问题的想法是不现实和可笑的。未成年的吸毒者一般自制能力较差，在转化中常常出现思想反复，切忌一劳永逸，简单急躁。这便需要未成年人时刻牢记戒毒的决心，不要泄气、不要失望，在反反复复的过程中，不断突破自我，坚持反复“攻心”治“顽症”。

第三，精准突击，预防重点人员。对于易染毒特殊群体，即一些辍学流浪或者身处娱乐场所的未成年人，应该对其进行思想教育，消除认识上的误区。首先应告知未成年人吸食毒品是违法行为，并应对其危害性、传播途径以及涉毒处罚标准进行详尽普及。应当向未成年人揭示毒品的危害是多方面的，成瘾性只是危害之一，不能仅以成瘾性的大小来判断能不能吸食，自信不会吸毒成瘾的侥幸心理是在危险边缘试探的不明智行为。而且，特别重要的是教导未成年人如何区分新型毒品，明确新型毒品的种类、毒性、隐蔽包装等基本信息，避免因无知被误导。

未成年人涉毒问题是我国密切关注的问题，从某种意义上说，这关系中华民族兴亡。预防未成年人涉毒，不仅需要未成年人认识毒品，努力学习知识，加强自我保护意识，珍爱生命，远离毒品；而且，也需要社会各界通力合作，完善现阶段的毒品防治措施，加大对毒品犯罪的打击力度，认真做好禁毒宣传工作，并对禁毒综合治理和防范措施进行不断探索，为未成年人营造健康的成长环境。

法律小课堂

（一）社会组织的禁毒责任

——《中华人民共和国禁毒法》

第十五条　飞机场、火车站、长途汽车站、码头以及旅店、娱乐场所等公共场所的经营者、管理者，负责本场所的禁毒宣传教育，落实禁毒防范措施，预防毒品违法犯罪行为在本场所内发生。

第十六条　国家机关、社会团体、企业事业单位以及其他组织，应当加强对本单位人员的禁毒宣传教育。

第十七条　居民委员会、村民委员会应当协助人民政府以及公安机关等部门，加强禁毒宣传教育，落实禁毒防范措施。

第六十一条　容留他人吸食、注射毒品或者介绍买卖毒品，构成犯罪的，依法追究刑事责任；尚不构成犯罪的，由公安机关处十日以上十五日以下拘留，可以并处三千元以下罚款；情节较轻的，处五日以下拘留或者五百元以下罚款。

第六十三条　在麻醉药品、精神药品的实验研究、生产、经营、使用、储存、运输、进口、出口以及麻醉药品药用原植物种植活动中，违反国家规定，致使麻醉药品、精神药品或者麻醉药品药用原植物流入非法渠道，构成犯罪的，依法追究刑事责任；尚不构成犯罪的，依照有关法律、行政法规的规定给予处罚。

第六十四条　在易制毒化学品的生产、经营、购买、运输或者进口、出口活动中，违反国家规定，致使易制毒化学品流入非法渠道，构成犯罪的，依法追究刑事责任；尚不构成犯罪的，依照有关法律、行政法规的规定给予处罚。

第六十五条　娱乐场所及其从业人员实施毒品违法犯罪行为，或者为进入娱乐场所的人员实施毒品违法犯罪行为提供条件，构成犯罪的，依法追究刑事责任；尚不构成犯罪的，依照有关法律、行政法规的规定给予处罚。娱乐场所经营管理人员明知场所内发生聚众吸食、注射毒品或者贩毒活动，不向公安机关报告的，依照前款的规定给予处罚。

（二）本案涉毒罪名

——《中华人民共和国刑法》

第三百五十三条　【引诱、教唆、欺骗他人吸毒罪】引诱、教唆、欺骗他人吸食、注射毒品的，处三年以下有期徒刑、拘役或者管制，并处罚金；情节严重的，处三年以上七年以下有期徒刑，并处罚金。

【强迫他人吸毒罪】强迫他人吸食、注射毒品的，处三年以上十年以下有期徒刑，并处罚金。引诱、教唆、欺骗或者强迫未成年人吸食、注射毒品的，从重处罚。

第三百五十四条　【容留他人吸毒罪】容留他人吸食、注射毒品的，处三年以下有期徒刑、拘役或者管制，并处罚金。

第三百五十五条　【非法提供麻醉药品、精神药品罪】依法从事生产、运输、管理、使用国家管制的麻醉药品、精神药品的人员，违反国家规定，向吸食、注射毒品的人提供国家规定管制的能够使人形成瘾癖的麻醉药品、精神药品的，处三年以下有期徒刑或者拘役，并处罚金；情节严重的，处三年以上七年以下有期徒刑，并处罚金。向走私、贩卖毒品的犯罪分子或者以牟利为目的，向吸食、注射毒品的人提供国家规定管制的能够使人形成瘾癖的麻醉药品、精神药品的，依照本法第三百四十七条的规定定罪处罚。

单位犯前款罪的，对单位判处罚金，并对其直接负责的主管人员和其他直接责任人员，依照前款的规定处罚。

毒瘾少年的救赎之路

小陈6岁时，母亲去世，父亲外出打工，他便跟随年迈的奶奶生活。由于缺乏管教，刚上中专的小陈无心向学，经常与几个同学翘课爬墙外出，到黑网吧打游戏，一来二去小陈就跟网吧的小混混成为了“哥们”。

一次在KTV里，小陈看到同伴在一张口香糖锡纸上，放了点白色的粉末，再用打火机在锡纸下面烧了一下，然后用鼻子去吸。他们告诉他这叫“小马”，可以提神，还很刺激。因为担心不吸会被鄙视，小陈跟随他们尝试了毒品，这种“小马”让他异常兴奋，通宵达旦地玩耍而不知疲倦。此后，小陈沉浸在吸食“小马”中，体重日益变轻，有时甚至突然流鼻血。购买“小马”需要大量的金钱，于是小陈渐渐地成了“说谎大神”，变着花样从爸爸和奶奶身上骗钱。后来骗不到了，就去借高利贷。后来放贷者上门讨债，将家里砸得乱七八糟，爸爸得知此事后专程回家照顾小陈。之后，整整一年小陈未出门，家人从各处买来戒毒药物帮助他戒毒。随着情况好转，小陈到医院进行了检查，结果显示他已成功戒除毒瘾。自那以后，家人对他的管束也就解除了。但是，慢慢地小陈又觉得整天很无聊，就又偷偷跑出家门，与之前那些朋友相遇后，他再次堕入吸食毒品的深渊。

2018年2月12日，小陈被父亲送往强制隔离戒毒所，父亲和奶奶时常来探视他。后来，小陈在戒毒所工作人员的帮助下，慢慢摆脱毒瘾，每天看书学习，生活过得很充实，对未来又重新燃起了信心。①

国务院《戒毒条例》明确规定，戒毒人员在入学、就业、享受社会保障等方面不受歧视。这意味着毒品吸食者只要戒掉毒瘾，依旧能够正常学习、工作与生活。对于一些误入歧途，染上毒瘾的未成年人，我们不能将其弃之任之，而应该帮助他们成功戒掉毒瘾，重拾生活的希望。戒毒是一个漫长而艰巨的任务，简单的停止吸食并不算戒毒成功，完整的医学戒毒治疗包括生理脱毒、心理脱瘾、康复治疗、回归社会四个环节。大多数吸毒者止步于第一环节，痛不欲生的戒断反应时刻折磨着吸毒者脆弱的戒毒念头。因此，选择最恰当的戒毒方式才能够让戒毒更加顺利。

1. 家庭戒毒

家庭戒毒是最常见、家属最愿意接受的一种戒毒方法。在传统观念中，吸毒对于中国家庭来说是一件毁坏家庭名声的事情。因此当吸毒者提出在家戒毒时，必然不会张扬未成年人的吸毒事实，家属通常乐意接受。这种戒毒方式对于偶尔吸食毒品，且有主动戒毒意愿的人来说，有一定的作用。但是对于重度成瘾者来说，可能会

---

① 改编自H省未成年犯管教所真实案例。

适得其反，甚至还有可能危及自身和他人的生命安全。

家庭戒毒的主要隐患表现为以下五点：第一，救助不便。吸毒者在家庭环境戒毒，有可能出现各种严重的戒断症状，而家庭治疗和抢救措施受限，容易导致一些不必要的伤亡事故。第二，危险性高。吸毒人员在家中戒毒有诸多症状。比如合成毒品吸食者因心瘾的发作可能出现逃跑、自残、自杀行为，甚至危害到身边人的生命安全。第三，消磨戒毒意念。吸毒人员表现出来的“自愿家中戒毒意向”一般均为短暂假象，因为心瘾和精神症状的暴发并不由吸毒人员自身所能控制，所表达出来的“自愿戒毒意向”很难长时间持续。在无外力强制下，戒毒意念通常日渐微弱。第四，缺乏专业指导。吸毒人员在家庭环境戒毒，缺乏专业心理医生的辅导，不能及时排除吸毒者的困扰，难以达到解除心瘾的目的，容易导致复吸。第五，缺乏强力监管。吸毒人员在家戒毒，因很难被完全监管，戒毒人员易受到毒友诱惑，而失去控制能力，再度吸毒。

2. 强制隔离戒毒所

强制隔离戒毒所俗称“强戒所”。依据《禁毒法》和《治安管理处罚法》规定，初次吸毒人员，予以治安拘留处罚，对 2 次以上吸毒被查处或吸毒成瘾者予以强制戒毒 2 年。这种戒毒方式一般是因屡次吸毒被抓后，公安机关对其进行强制戒毒的措施。此外，成瘾的吸食毒品者也可以自愿前往戒毒所“救赎”。强制隔离戒毒所采取的主要措施是将吸毒人员与毒品强制隔离，避免吸毒人员在一段时间内再次接触毒品。由于在强制戒毒所必须实名登记，将在个人档案里会留下吸毒记录，所以不到万不得已的情况，大多数吸毒者不会选择自行前往强制戒毒所。但是，我国对于未成年人制定了特殊的保护制度，为了保护未成年人的基本信息，促进曾吸食毒品的未成年人能正常回归学习、工作和社会中，未成年人的档案一般被封存，仅仅在特殊情况下才能由特定机构查阅。

强制戒毒的优势在于可基本压制甚至消除体瘾，吸毒人员在出所后，体瘾基本得到控制，精神状态也可能会在一段时间内相对正常。其缺点是受人力物力所限，对于心瘾的心理治疗专业手段需要加强。吸毒人员因为长时期与社会隔离，停止吸毒的情况是“被迫”造成的，有时往往形成逆反性的“复吸愿望”。强制隔离戒毒人员在强戒被解除后，少则一至几个月，多则半载一年，通常出现明显精神症状。行为人如果无法承受折磨，最终情绪爆发，复吸的情况不在少数。

3. 社区戒毒

社区戒毒（康复）是指吸毒人员在社区的牵头、监管下，整合家庭、社区、公安机构以及卫生、民政等机构的资源，使吸毒人员在社区里实现居家戒毒。社区戒毒的期限为 3 年，自报到之日起计算。

社区戒毒方式的优点是能整合社会的力量对吸毒人员加强监管，迫使吸毒人员不再接触毒品，对经过专业戒毒治疗后的吸毒人员后期康复有很大的帮助。但社区戒毒缺乏专业治疗手段，对损坏的身体机能以及受损坏的神经系统无法修复，对毒瘾尤其是心瘾无法消除。

4. 专门学校

工读学校等专门学校是对有违法犯罪行为的未成年人进行专门教育的特殊学校，旨在教育、挽救失足未成年人。学校的管理以教育部门为主，共青团、公安部门积极配合开办。工读学校的学期年限为 2 年，但周末允许学生返回家中。对于送学生去工读学校，要经过区以上的教育部门、共青团组织和公安机关联合组成的招生委员会审查批准，还需要征得家长同意。在工读学校教育改正好的学生，应当送回原学校或者调换学校继续上学，或者安置就业，不会对升学、工作和参军等造成影响。其招收对象为 13~17 岁，有严重不良行为但未达到违法犯罪程度的未成年人。这些未成年人一般是从常规的中小学退学、被开除或者学校认为不宜留在学校学习，但不足以送至未成年犯管教所。专门学校教学的主要内容，包括常规学校教育、职业教育以及相应的法律道德教育，其管理模式较普通学校更为严格。

专门学校戒毒方式的优点在于有利于在家庭、学校管教失效时，弥补未成年人管理教育的不足，同时教授未成年人知识和技能，而不仅仅停留于戒毒。专门学校戒毒的缺点是它仅限于城市，且存在交叉感染的风险。大部分专门学校在心理学和管理方面还需要进一步强化专业教师队伍。

5. 戒毒医疗机构

吸毒成瘾是一种慢性复杂性的脑部疾病，戒毒也是一种医学治疗。戒毒医疗正是在这个基础上成立的。戒毒医疗机构既可能是专门从事戒毒的医疗机构，也可能是普通医疗机构从事戒毒治疗业务。同时，戒毒医疗机构有营利类和公益类两种类型。营利性的戒毒医疗机构通常在工商部门注册登记，持工商营业执照；非营利性、公益性的戒毒医疗机构在民政部门注册登记。当然，开办戒毒医疗机构均需卫生行政部门批准，同时报公安机关备案。戒毒机构将吸毒者视为患病者，通过系统化、正规的医疗手段和心理干预治疗方式，如排毒、脱毒、心理治疗和工娱康复等治疗手段，帮助未成年人摆脱对毒品的依赖。这种戒毒方式，可以避免戒毒所的强制环境影响未成年人的成长，也可以防止未成年人的隐私被泄露。

临床上，毒品成瘾是一种可以控制、可以治疗的疾病。在国家有关部门认定的戒毒机构接受系统的脱毒治疗，包括药物治疗和心理治疗，可以帮助患者有效戒毒。根据国务院《戒毒条例》的规定，国家鼓励吸毒人员自行戒除毒瘾，吸毒人员主动到有资质的医疗机构进行自愿戒毒治疗的，对以往吸毒行为不予处罚。戒毒医疗机构对于自愿戒毒人员的个人信息保密并承担法律责任。

法律小课堂

（一）戒毒规定

——《中华人民共和国禁毒法》

第三十一条　国家采取各种措施帮助吸毒人员戒除毒瘾，教育和挽救吸毒人员。

吸毒成瘾人员应当进行戒毒治疗。

吸毒成瘾的认定办法，由国务院卫生行政部门、药品监督管理部门、公安部门规定。

第三十二条　公安机关可以对涉嫌吸毒的人员进行必要的检测，被检测人员应当予以配合；对拒绝接受检测的，经县级以上人民政府公安机关或者其派出机构负责人批准，可以强制检测。

公安机关应当对吸毒人员进行登记。

——国务院《戒毒条例》

第七条　戒毒人员在入学、就业、享受社会保障等方面不受歧视。

对戒毒人员戒毒的个人信息应当依法予以保密。对戒断3年未复吸的人员，不再实行动态管控。

（二）自愿戒毒

——《中华人民共和国禁毒法》

第六十二条　吸食、注射毒品的，依法给予治安管理处罚。

吸毒人员主动到公安机关登记或者到有资质的医疗机构接受戒毒治疗的，不予处罚。

——国务院《戒毒条例》

第九条　国家鼓励吸毒成瘾人员自行戒除毒瘾。吸毒人员可以自行到戒毒医疗机构接受戒毒治疗。对自愿接受戒毒治疗的吸毒人员，公安机关对其原吸毒行为不予处罚。

第十条　戒毒医疗机构应当与自愿戒毒人员或者其监护人签订自愿戒毒协议，就戒毒方法、戒毒期限、戒毒的个人信息保密、戒毒人员应当遵守的规章制度、终止戒毒治疗的情形等作出约定，并应当载明戒毒疗效、戒毒治疗风险。

第十一条　戒毒医疗机构应当履行下列义务：

（一）对自愿戒毒人员开展艾滋病等传染病的预防、咨询教育；

（二）对自愿戒毒人员采取脱毒治疗、心理康复、行为矫治等多种治疗措施，并应当符合国务院卫生行政部门制定的戒毒治疗规范；

（三）采用科学、规范的诊疗技术和方法，使用的药物、医院制剂、医疗器械应当符合国家有关规定；

（四）依法加强药品管理，防止麻醉药品、精神药品流失滥用。

第十二条　符合参加戒毒药物维持治疗条件的戒毒人员，由本人申请，并经登记，可以参加戒毒药物维持治疗。登记参加戒毒药物维持治疗的戒毒人员的信息应当及时报公安机关备案。

戒毒药物维持治疗的管理办法，由国务院卫生行政部门会同国务院公安部门、药品监督管理部门制定。

（三）社区戒毒

——国务院《戒毒条例》

第十三条　对吸毒成瘾人员，县级、设区的市级人民政府公安机关可以责令其接受社区戒毒，并出具责令社区戒毒决定书，送达本人及其家属，通知本人户籍所在地或者现居住地乡（镇）人民政府、城市街道办事处。

第十四条　社区戒毒人员应当自收到责令社区戒毒决定书之日起15日内到社区戒毒执行地乡（镇）人民政府、城市街道办事处报到，无正当理由逾期不报到的，视为拒绝接受社区戒毒。

社区戒毒的期限为3年，自报到之日起计算。

（四）强制隔离戒毒

——国务院《戒毒条例》

第二十五条　吸毒成瘾人员有《中华人民共和国禁毒法》第三十八条第一款所列情形之一的，由县级、设区的市级人民政府公安机关作出强制隔离戒毒的决定。

对于吸毒成瘾严重，通过社区戒毒难以戒除毒瘾的人员，县级、社区的市级人民政府公安机关可以直接作出强制隔离戒毒的决定。

吸毒成瘾人员自愿接受强制隔离戒毒的，经强制隔离戒毒场所所在地县级、设区的市级人民政府公安机关同意，可以进入强制隔离戒毒场所戒毒。强制隔离戒毒场所应当与其就戒毒治疗期限、戒毒治疗措施等作出约定。

第二十七条　强制隔离戒毒的期限为2年，自作出强制隔离戒毒决定之日起计算。

第三十条　强制隔离戒毒场所应当根据强制隔离戒毒人员的性别、年龄、患病等情况对强制隔离戒毒人员实行分别管理；对吸食不同种类毒品的，应当有针对性地采取必要的治疗措施；根据戒毒治疗的不同阶段和强制隔离戒毒人员的表现，实行逐步适应社会的分级管理。

（五）社区康复

——国务院《戒毒条例》

第三十七条　对解除强制隔离戒毒的人员，强制隔离戒毒的决定机关可以责令其接受不超过3年的社区康复。

社区康复在当事人户籍所在地或者现居住地乡（镇）人民政府、城市街道办事处执行，经当事人同意，也可以在戒毒康复场所中执行。

第三十九条　负责社区康复工作的人员应当为社区康复人员提供必要的心理治疗和辅导、职业技能培训、职业指导以及就学、就业、就医援助。

第四十一条　自愿戒毒人员、社区戒毒、社区康复的人员可以自愿与戒毒康复场所签订协议，到戒毒康复场所戒毒康复、生活和劳动。

戒毒康复场所应当配备必要的管理人员和医务人员，为戒毒人员提供戒毒康复、职业技能培训和生产劳动条件。

（六）戒毒人员的权益保障

——《中华人民共和国禁毒法》

第七十条　有关单位及其工作人员在入学、就业、享受社会保障等方面歧视戒毒人员的，由教育行政部门、劳动行政部门责令改正；给当事人造成损失的，依法承担赔偿责任。

——国务院《戒毒条例》

第四十三条　公安、司法行政、卫生行政等有关部门工作人员泄露戒毒人员个人信息的，依法给予处分；构成犯罪的，依法追究刑事责任。

第四十五条　强制隔离戒毒场所的工作人员有下列行为之一的，依法给予处分；构成犯罪的，依法追究刑事责任：

（一）侮辱、虐待、体罚强制隔离戒毒人员的；

（二）收受、索要财物的；

（三）擅自使用、损毁、处理没收或者代为保管的财物的；

（四）为强制隔离戒毒人员提供麻醉药品、精神药品或者违反规定传递其他物品的；

（五）在强制隔离戒毒诊断评估工作中弄虚作假的；

（六）私放强制隔离戒毒人员的；

（七）其他徇私舞弊、玩忽职守、不履行法定职责的行为。

未成年人毒品犯罪篇

随着毒品犯罪日益猖獗，公众和政府对毒品危害性的认识越来越深刻，越来越多的国家对毒品采取了更加严厉的政策。我国禁毒工作则秉持“预防为主，综合治理，禁种、禁制、禁贩、禁吸并举”的方针。尽管毒品犯罪行为一直受到我国公安机关的严厉打击，但由于行为人的趋利性和毒品消费市场的不断扩大，从根本上控制毒品犯罪仍任重而道远。

近年来，毒品犯罪呈现出犯罪主体低龄化特征，未成年人毒品犯罪案件逐年增多，案件类型集中，犯罪手段也逐渐丰富，涉案毒品数量少，通常呈现为共同犯罪形式。通过分析发现，未成年人实施的毒品犯罪行为通常是吸毒行为的延伸。未成年犯罪人并未意识到其行为可能造成的严重后果，甚至有些行为人可能并未认识到其行为已经构成犯罪。基于此，本篇选取多个案例描述未成年人容易被引诱实施的各种毒品犯罪行为，总结行为形成机制、分析行为法律后果并且提出预防措施。

持有毒品是犯罪吗?

小明年仅16岁，却已经有2年的吸毒史。5年前，小明的父母离异，各自重组家庭后，被视为“包袱”的小明跟着年迈的奶奶生活。奶奶年老体衰也没有能力教导小明，渐渐地，正值叛逆期的小明常常产生一种空虚感，逃课、打架、泡网吧成为他的家常便饭。偶然中，小明在网吧中认识了社会上的一些闲散人员，开始接触毒品。一开始，小明只是跟着在网吧认识的“哥们”吸，他们“聚会”时会分给他一点，到后来发展到自己从“头头”(聚会组织者、发起者)手上购买毒品吸。在一次“聚会”之前，小明买回了13克海洛因，放置于家中，后被警察查获，人民法院最终判决小明犯非法持有毒品罪，判处有期徒刑两年。①

未成年人的身心发育尚未完全成熟，社会认知不健全，极易受到社会不良信息的影响，或者受到社会不良群体的影响，最终触犯法律而不自

① 改编自H省未成年犯管教所真实案例。

知。以非法持有毒品罪为例，它是指违反国家毒品管理法规，持有数量较大毒品的行为。

我国先后颁布了《中华人民共和国药品管理法》和国务院《麻醉药品管理办法》《精神药品管理办法》，对毒品种植、制造、运输、使用、管理都作了明确且严格的规定。禁止任何单位和个人未经主管部门批准或许可而保存毒品的行为，因为一旦非法持有的毒品流入社会，被吸食者获得，便会危害他人身体健康。

非法持有毒品罪必须在客观上“持有”毒品。也就是说，行为人必须在事实上具有对毒品的支配能力，具体表现为占有、携带、藏有或者以其他方法支配毒品。“持有”不要求物理上的直接占有，也不要求行为人时时将毒品握在手里或随身携带。只要行为人认识到特定毒品的存在，并有权对其进行管理、控制或支配，就构成持有。

例如，小明在外就餐时，毒品却被放在家中。虽然此时小明未携带毒品，但是毒品依旧处于小明的掌控范围内，属于持有。此外，持有并不要求直接持有，当介入第三者时，也不影响持有的成立。如行为人认为自己管理毒品不安全，将毒品委托给第三人保管时，行为人与第三者均持有该毒品。例如，小明认为自己管理毒品不安全，将毒品委托给第三人小张保管，此时，小明与小张对于该毒品均构成持有。本案中，小明对其买回的毒品属于典型的持有，即具有对毒品的支配力。

在司法实践中，常见的认定“持有”情形包括以下几种。

第一，毒品在行为人身上或随身物品内查获。例如在行为人的口袋里或者手提包中发现毒品。在这种情况下基本可认定为行为人对查获的毒品具有控制力与支配权，构成非法持有。除非，随身物品并非行为人所有或者随身物品已经脱离行为人的掌控监管，失去“随身”属性。例如，警察在小明的手提包里查获了毒品，此时通常会认定构成持有。但小明如果提供线索，证明该手提包并非他所有，而是之前吃饭在餐厅拿错了或者该手提包曾经弄丢刚刚找回来。此时，因为手提包不再属于“随身物品”，则不能据此认定为持有。

第二，毒品在行为人身处的封闭空间内查获。封闭空间是指行为人所处的房屋、车辆、酒店等可与外部公共空间相对隔离的物理空间。在这种空间内查获的毒品是否能认定为持有，还需要结合行为人对封闭空间的控制程度、查获毒品的放置状态、行为人对毒品的接触和控制等具体细节综合认定。例如，警察在小明所开酒店房间内查获了毒品。如果该房间属于小明的长期包房或者已经住了几天，由于该空间长期处于小明的控制支配下，毫无疑问可以认定为持有。而如果该房间是小明刚登记，人尚未入住，当然不能认定为持有，因为其对该空间的支配力不够。在行为人控制范围内查获的毒品，例如在行为人所有的住宅或租住房屋内查获的，一般可认定为非法持有。此时默认行为人对该空间具有绝对的支配。本案中在小明家中被查获 13 克海洛因，就属于此种情况。

第三，毒品在快递物流包裹内查获。随着物流行业的发展，以及物流行业监管存在漏洞，大量的毒品运输开始采取物流方式进行。其中既有直接快递毒品的情况，如林某受宋某某之托，到某地帮忙取回毒品，并通过顺丰快递将该冰毒邮寄给宋某某。也有借用其他物品掩饰毒品的情况，例如，李某与韦某约定由李某从外地购买毒品后运至江苏省镇江市供韦某贩卖。韦某的妻子陈某明知上述情况，仍按照其丈夫韦某的要求，向李某支付毒资，提供收货信息，并网购音箱寄给李某，以便李某能借用音箱更好地藏匿、运送毒品。

构成非法持有毒品罪，还需要满足以下四项条件：

首先，要求明确持有者持有毒品的数量至少达到数量较大。数量较大是指“鸦片二百克以上不满一千克、海洛因或者甲基苯丙胺十克以上不满五十克或者其他毒品数量较大的”。

其次，没有证明证实毒品的来源与用途。也就是说，没有证据证明查获的毒品是用于贩卖，或证明行为人实施了走私、运输、制造毒品行为。从某种意义上而言，非法持有毒品罪成为毒品犯罪的兜底罪名。2015 年最高人民法院《全国法院毒品犯罪审判工作座谈会纪要》规定，吸毒者在购买、存储毒品过程中被查获，没有证据证明其是为了实施贩卖毒品等其他犯罪，毒品数量达到法定标准的，以非法持有毒品罪定罪处罚。也就是说，吸毒违法但不犯罪，但如果一次性存有超量毒品即使只用于吸食也会构成非法持有毒品罪，这也正是小明被认定为非法持有毒品罪的原因。小明所持有的毒品数量为 13 克，已经符合“数量较大”标准。

再次，行为人明知是毒品而持有。“明知”是指行为人知道或应当知道，“应当知道”就是指行为人根据某种事实和现象，有可能认识到该物品是毒品。通常而言，在判断“应当知道”的过程中行为人一定会有某种不合常理的举动。本案中，小明并非第一次吸毒，其对自己购买、持有的物品属于毒品的认识是十分清楚的。

最后，年满 16 周岁且精神健全的自然人才能构成本罪。在本案中，小明已满 16 周岁，精神健全，明知其所购买和持有的是毒品，毒品数量达到法定标准，且行为符合上述条件，依法成立非法持有毒品罪。

法律小课堂

——《中华人民共和国刑法》

第三百四十八条　【非法持有毒品罪】非法持有鸦片一千克以上、海洛因或者甲基苯丙胺五十克以上或者其他毒品数量大的，处七年以上有期徒刑或者无期徒刑，并处罚金；非法持有鸦片二百克以上不满一千克、海洛因或者甲基苯丙胺十克以上不满五十克或者其他毒品数量较大的，处三年以下有期徒刑、拘役或者管制，并处罚金；情节严重的，处三年以上七年以下有期徒刑，并处罚金。

——最高人民检察院《关于公安机关管辖的刑事案件立案追诉标准的规定（三）》

第二条　明知是毒品而非法持有，涉嫌下列情形之一的，应予立案追诉：

（一）鸦片二百克以上、海洛因、可卡因或者甲基苯丙胺十克以上；

（二）二亚甲基双氧安非他明（MDMA）等苯丙胺类毒品（甲基苯丙胺除外）、吗啡二十克以上；

（三）度冷丁（杜冷丁）五十克以上（针剂100mg/支规格的五百支以上，50mg/支规格的一千支以上；片剂25mg/片规格的二千片以上，50mg/片规格的一千片以上）；

（四）盐酸二氢埃托啡二毫克以上（针剂或者片剂20mg/支、片规格的一百支、片以上）；

（五）氯胺酮、美沙酮二百克以上；

（六）三唑仑、安眠酮十千克以上；

（七）咖啡因五十千克以上；

（八）氯氮卓、艾司唑仑、地西泮、溴西泮一百千克以上；

（九）大麻油一千克以上，大麻脂二千克以上，大麻叶及大麻烟三十千克以上；

（十）罂粟壳五十千克以上；

（十一）上述毒品以外的其他毒品数量较大的。

非法持有两种以上毒品，每种毒品均没有达到本条第一款规定的数量标准，但按前款规定的立案追诉数量比例折算成海洛因后累计相加达到十克以上的，应予立案追诉。

本条规定的“非法持有”，是指违反国家法律和国家主管部门的规定，占有、携带、藏有或者以其他方式持有毒品。

非法持有毒品主观故意中的“明知”，依照本规定第一条第八款的有关规定予以认定。

——最高人民法院《关于常见犯罪的量刑指导意见（二）（试行）》

（六）非法持有毒品罪

1. 构成非法持有毒品罪的，可以根据下列不同情形在相应的幅度内确定量刑起点：

（1）非法持有鸦片一千克、海洛因或者甲基苯丙胺五十克或者其他毒品数量大的，可以在七年至九年有期徒刑幅度内确定量刑起点。依法应当判处无期徒刑的除外。

（2）非法持有毒品情节严重的，可以在三年至四年有期徒刑幅度内确定量刑起点。

（3）非法持有鸦片二百克、海洛因或者甲基苯丙胺十克或者其他毒品数量较大的，可以在一年以下有期徒刑、拘役幅度内确定量刑起点。

2. 在量刑起点的基础上，可以根据毒品数量等其他影响犯罪构成的犯罪事实增加刑罚量，确定基准刑。

——2016年最高人民法院《关于审理毒品犯罪案件适用法

律若干问题的解释》(法释〔2016〕8号)

第五条 非法持有毒品达到刑法第三百四十八条或者本解释第二条规定的“数量较大”标准，且具有下列情形之一的，应当认定为刑法第三百四十八条规定的“情节严重”:

(一) 在戒毒场所、监管场所非法持有毒品的;

(二) 利用、教唆未成年人非法持有毒品的;

(三) 国家工作人员非法持有毒品的;

(四) 其他情节严重的情形。

——2008年最高人民法院《全国部分法院审理毒品犯罪案件工作座谈会纪要》(法〔2008〕324号)

十、主观明知的认定问题

具有下列情形之一，被告人不能做出合理解释的，可以认定其“明知”是毒品，但有证据证明确属被蒙骗的除外：(1)执法人员在口岸、机场、车站、港口和其他检查站点检查时，要求行为人申报为他人携带的物品和其他疑似毒品物，并告知其法律责任，而行为人未如实申报，在其携带的物品中查获毒品的；(2)以伪报、藏匿、伪装等蒙蔽手段，逃避海关、边防等检查，在其携带、运输、邮寄的物品中查获毒品的；(3)执法人员检查时，有逃跑、丢弃携带物品或者逃避、抗拒检查等行为，在其携带或者丢弃的物品中查获毒品的；(4)体内或者贴身隐秘处藏匿毒品的；(5)为获取不同寻常的高额、不等值报酬为他人携带、运输物品，从中查获毒品的；(6)采用高度隐蔽的方式携带、运输物品，从中查获毒品的；(7)采用高度隐蔽的方式交接物品，明显违背合法物品惯常交接方式，从中查获毒品的；(8)行程路线故意绕开检查站点，在其携带、运输的物品中查获毒品的；(9) 以虚假身份或者地址办理托运手续，在其托运的物品中查获毒品的；(10) 有其他证据足以认定行为人应当知道的。

筑温馨家园，享健康生活

父母是孩子的第一位老师，家庭是每个人温暖的港湾。家庭是未成年人社会化的第一个重要场所，在未成年人成长过程中起到无可代替的重要作用。首先，家庭氛围和教育方式会影响孩子的性格形成。例如，父母对子女的粗暴教育、棍棒管理、溺爱娇惯、袒护放纵、姑息迁就，往往会使孩子形成严重的人格缺陷。同时，由于不完整的家庭，孩子往往也得不到应有的教育和照顾，很容易变得孤僻、自卑、抑郁、任性，从而走上犯罪的道路。其次，家长的关爱和监护能起到为孩子树立正确的世界观、人生观和价值观和行为纠偏作用。一旦缺失，孩子也容易走上犯罪的道路。

必须重视家庭的作用。对于未成年人本身而言，需要积极主动地与家长沟通，尽力改善不良的家庭氛围。多阅读有利于心智成长的书籍，如古代传统美德的故事，提高品德，陶冶情操。积极参与社会活动，提高心理承受能力，增强适应社会的能力。

贩卖毒品：刑罚严厉

【案例一】15 岁的小华从小学习成绩不错，但是有个爱好——打游戏，经常放学后到学校附近的小网吧里玩。又因为小华是未成年人，他能去的小网吧都是很不正规的“黑网吧”，网吧内整天乌烟瘴气。一次，在小网吧里，小华认识了一群“哥们”。他们掏出一种白色粉末，围坐在那里吸食，一副“飘飘欲仙”的样子，这一下子就引起了小华的好奇。当“哥们”怂恿他尝一口时，小华毫不犹豫地尝试了。

有了第一次尝试，就有了第二次、第三次。后来，为了筹钱吸毒，小华开始学会说谎，也没心思上学了，甚至骗低年级同学的钱，但是骗钱的行为没能持续多久。一是因为被骗的人上过当后对其有了警惕心理，不再继续受骗。二是因为其骗钱的行为被老师和父母发现了，甚至受到学校记过处罚。小华因为骗钱被同学们孤立，这使得他不爱去学校，更爱和网吧认识的“哥们”在一起玩。

由于经济条件有限，为了满足自己对毒品的需求，小华常常买回毒品后再加价卖出一部分，获取的钱财用于下一次购买毒品。15 岁的小王由于受到朋友的诱惑，某日从小华那购买了毒品，后因过量吸食毒品（K 粉）导致呼吸循环衰竭而死亡。随后，小王父母从小王的手机聊天记录中发现了他购买毒品的全过程，并立即向当地公安机关报案，公安机关立马前往小华住处，搜出毒品 0.3 克。小华被抓获后辩称自己卖给小王的毒品并未赚钱，只是帮助小王代为购买毒品，小王拿到毒品后分给其少量毒品。最终人民法院认定小华犯贩卖毒品罪，判处有期徒刑两年。①

【案例二】某日清晨，云南大理某高校一名学生包某刚踏入老师办公室，便被几名守候已久的男子上前抓获，他们是深圳万丰派出所的民警，在云南蹲守多日专程来抓毒贩。未曾想，这名只有 16 岁，看起来毫无异常的孩子居然是一名经验老到的贩毒分子，甚至是在逃已久的广东省通缉逃犯。在老师办公室内，这位年轻的毒品卖家没有任何辩驳，对自己的贩毒行为供认不讳。经调查，包某先后在网上销售大麻、海洛因、冰毒（甲基苯丙胺）、混合型毒品等共计 15 次。包某被抓获后悔痛不已，一再向警方表示，自己只是想赚点差价，没有想到后果如此严重。最终包某因贩卖毒品罪被判处有期徒刑五年。②

一、 贩卖毒品罪的认定

贩卖毒品是指为出售而非法收购毒品，或明知是毒品而非法出

① 改编自 H 省未成年犯管教所真实案例。

② 改编自《大理一未成年贩毒，细数“00 后”犯罪都为了啥?》，载网易新闻网：http：//3g. 163. com/local/article/DMRSAO2R0525RK7G. html，2019 年 6 月 8 日访问。

售的行为。

贩卖毒品罪的成立并不以反复实施或实际牟利为要件，即使只贩卖一次、未获取到利益甚至亏本，甚至尚未卖出，只是为了卖出而买入，都不影响贩卖毒品罪的成立。从司法实务中看，贩卖毒品的具体行为方式常见的包括：(1) 以较低的价格买入毒品，再以较高的价格卖给他人的。例如小明从小王处以 50 元每克的价格买入毒品，再以 100 元每克的价格卖给他人。(2) 自己制造出毒品，然后将自制的毒品卖给他人的。(3) 以毒品折价劳务费或者偿还债务的，如小王欠小明 1000 元钱，经双方商量最终用 10 克毒品抵债的情形。(4) 以毒品为流通手段交换商品或者其他货物的，即将毒品当做支付方式使用的情形。(5) 居间介绍买卖毒品的，即为买卖双方牵线搭桥的情形等。

简而言之，认定贩卖毒品需要符合三项条件。第一，行为人的目的是“出售毒品”，即通过该行为获取好处，至于是否实际获取到好处在所不问。这个“好处”既可以是获取金钱，也可以是直接将毒品当成金钱使用。案例一中，小华虽未获得金钱报酬，却获得毒品，出售行为依旧成立。第二，行为人应当明知是毒品。明知是指行为人知道或应当知道，行为人根据某种事实和现象，有可能认识到该物品是毒品时，也属于明知的范围。一切违背常理的，目的在于逃避追捕的行为，无法作出合理解释的情况下，都可能认定为应当知道。第三，行为人是年满 14 周岁且精神健全的自然人。贩卖毒品罪与其他毒品犯罪相比的特殊之处就在于行为人年满 14 周岁即需承担刑事责任，而其他毒品犯罪行为人年满 16 周岁才需承担刑事责任。

二、 他人吸食毒品过量致死， 贩毒者责任如何?

在案例一中，小华是典型的从吸毒被害人转变为贩毒犯罪人的例子。毒品的可怕不仅仅在于其成瘾性，还在于这种成瘾性会控制吸毒者，让吸毒者最终丧失自我，甚至走上犯罪或自我毁灭的道路。小华购买毒品，买回毒品后加价卖出一部分，获取的钱财用于下一次购买毒品，属于“具有吸毒情节”，是典型的“以贩养吸”的犯罪形态。公安局出警后搜出的 0.3 克毒品，尽管有可能是小华全部用于吸食的，但是不能排除其有贩卖的可能性，这可全部认定为贩卖的数量，其吸毒情节在量刑时予以考虑，已被吸食的数量不再计算。此种情况下，即使毒品已被全部吸食，甚至警察未搜查到毒品，只要有证据证明小华实施了贩卖毒品的行为，即可定罪量刑。因为贩卖毒品罪的另一个特殊之处就在于该罪不以“数量较大”为构成要件。只要实施了贩卖毒品行为，无论数量多少，都成立贩卖毒品罪，这也体现了我国对贩卖毒品行为的从严打击的态度和决心。

本案另一个问题在，小华贩卖的毒品致使 14 岁的小王死亡的责任，是否应当由小华承担?

首先，从主观层面分析，被害人小王主动购买毒品，说明年龄已满 14 周岁的小王对吸毒的危害应该具有初步认识，具有一定的自我控制能力。对于贩毒者小华而言，其仅具有牟利的目的和贩卖毒品的故意，小王的死亡结果并不在其故意范围之内，小华的贩毒行为虽然导致小王处于风险之中，但这种风险并不是直接由贩毒行为导致的，而是由小王之后的过量吸毒行为导致的。如果小华给予小王过量的毒品并告诉他“这是一次的量”，那么小华的行为就具有一定的唆使和误导意味，属于制造风险的行为，这样的行为赋予了其挽救小王生命的义务。但本案中小华仅仅是卖出毒品，不属于制造风险的行为无须承担挽救义务。因此，对于小王的死亡结果，小华既不存在故意，也不具有过失。

其次，从客观层面分析，小王的吸毒行为是其自由意志选择的结果，死亡也是由于其吸毒选择导致的，而且吸毒过量死亡属于异常因素，该因素可以独立引起结果的发生，因此小华的贩毒行为与死亡结果之间不存在刑法上的因果关系。

最后，小华与小王之间不存在监护与被监护之类的特殊法律关系。如果存在法定的特殊关系，如监护关系，这种特殊关系不会因为吸毒而消失，此时，方需承担法律责任。比如在某家庭中，妈妈吸毒后，女儿因出于好奇而尝试吸食毒品，但因吸毒过量而死亡，那么，法院则应该判决妈妈为女儿的死亡结果承担刑事责任，因为妈妈与死者之间存在监护与被监护的关系，妈妈有保护女儿的义务，这种义务不会因“吸毒”而消失。因此，小华无须对小王的死亡结果承担刑事责任，但可能需要承担一定的民事赔偿责任。

三、 网络贩毒

在案例二中，包某作为未成年人独自贩毒的情况较为罕见。包某之所以能成功实施犯罪行为，与网络和物流行业的迅速发展密不可分。随着网络和物流行业的发展，网络贩毒的情况已经屡见不鲜。2016 年国家禁毒委发布的《2015 年中国毒品形势报告》中就已经指出，“利用网络贩毒问题突出。2015 年全国破获互联网涉毒案件 1.5 万起……关停取缔涉毒网站 832 家，关停涉毒通讯账号 576.8 万个……通报工信部门封堵涉毒境外违法网站 1471 个。”包某一再向警方表示，自己只是想赚点差价，没有想到后果如此严重，这体现出包某的法律意识薄弱；同时这也体现出当地毒品犯罪的猖獗。尽管包某尚未成年，但其应当知道贩卖毒品是违法甚至犯罪的行为。

包某在网上同时售卖了大麻、海洛因、冰毒（甲基苯丙胺）和混合型毒品，毒品数量如何确认也是处理本案的一个关键点。对于此类案件，原则上应当将毒品先行折算后再进行审判。对于具体折算方法，2015 年最高人民法院《全国法院毒品犯罪审判工作座谈会纪要》中有详细规定，其中关涉到毒品纯度问题。而提到毒品纯度，就不得不提贩卖“假毒品”如何处理的问题。根据我国刑法主客观相统一的原则，在行为人实施了贩卖毒品行为的情况下，主要根据行为人的主观认识来区别。如果行为人将“假毒品”认为是真毒品而贩卖的，按照贩卖毒品罪（未遂）处理，如果行为人明知是“假毒品”而贩卖的，则可能构成诈骗罪，不成立贩卖毒品罪。

在毒品犯罪中，针对由吸毒者实施的毒品犯罪，在认定犯罪事实和确定罪名时要格外慎重。因为吸毒者频繁与毒品打交道，交易行为较为普遍和频繁，其毒品犯罪行为有较强的迷惑性和隐蔽性。因此，在司法实践中，对于吸毒者在购买、运输、存储毒品过程中被查获的案件，如果不能证明其是为了实施贩卖等其他毒品犯罪行为，且毒品数量未超过法定的最低数量标准的，一般不定罪处罚。而查获毒品数量达到较大以上的，以其实际实施的毒品犯罪行为定罪处罚。同时，对于贩毒人员，从其住所、车辆等处查获的毒品，一般均应认定为其贩卖的毒品，纳入毒品数量计算。如果确有证据证明查获的毒品并非贩毒人员用于贩卖的，则考虑其行为是否构成非法持有毒品罪、窝藏毒品罪等其他犯罪，据此定罪处罚。

法律小课堂

（一）刑事责任年龄

——《中华人民共和国刑法》

第十七条　【刑事责任年龄】已满十六周岁的人犯罪，应当负刑事责任。

已满十四周岁不满十六周岁的人，犯故意杀人、故意伤害致人重伤或者死亡、强奸、抢劫、贩卖毒品、放火、爆炸、投放危险物质罪的，应当负刑事责任。

已满十二周岁不满十四周岁的人，犯故意杀人、故意伤害罪，致人死亡或者以特别残忍手段致人重伤造成严重残疾，情节恶劣，经最高人民检察院核准追诉的，应当负刑事责任。

对依照前三款规定追究刑事责任的不满十八周岁的人，应当从轻或者减轻处罚。

因不满十六周岁不予刑事处罚的，责令其父母或者其他监护人加以管教；在必要的时候，依法进行专门矫治教育。

（二）走私、贩卖、运输、制造毒品罪

——《中华人民共和国刑法》

第三百四十七条　【走私、贩卖、运输、制造毒品罪】走私、贩卖、运输、制造毒品，无论数量多少，都应当追究刑事责任，予以刑事处罚。走私、贩卖、运输、制造毒品，有下列情形之一的，处十五年有期徒刑、无期徒刑或者死刑，并处没收财产：

（一）走私、贩卖、运输、制造鸦片一千克以上、海洛因或者甲基苯丙胺五十克以上或者其他毒品数量大的；

（二）走私、贩卖、运输、制造毒品集团的首要分子；

（三）武装掩护走私、贩卖、运输、制造毒品的；

（四）以暴力抗拒检查、拘留、逮捕，情节严重的；

（五）参与有组织的国际贩毒活动的。走私、贩卖、运输、制造鸦片二百克以上不满一千克、海洛因或者甲基苯丙胺十克以上不满五十克或者其他毒品数量较大的，处七年以上有期徒刑，并处罚金。

走私、贩卖、运输、制造鸦片不满二百克、海洛因或者甲基苯丙胺不满十克或者其他少量毒品的，处三年以下有期徒刑、拘役或者管制，并处罚金；情节严重的，处三年以上七年以下有期徒刑，并处罚金。

单位犯第二款、第三款、第四款罪的，对单位判处罚金，并对其直接负责的主管人员和其他直接责任人员，依照各该款的规定处罚。

利用、教唆未成年人走私、贩卖、运输、制造毒品，或者向未成年人出售毒品的，从重处罚。

对多次走私、贩卖、运输、制造毒品，未经处理的，毒品数量累计计算。

第三百五十五条第二款　向走私、贩卖毒品的犯罪分子或者以牟利为目的，向吸食、注射毒品的人提供国家规定管制的能够使人形成瘾癖的麻醉药品、精神药品的，依照本法第三百四十七条的规定定罪处罚。单位犯前款罪的，对单位判处罚金，并对其直接负责的主管人员和其他直接责任人员，依照前款的规定处罚。

（三）关于毒品犯罪法律适用的若干具体问题

——2015年最高人民法院《全国法院毒品犯罪审判工作座谈会纪要》(法〔2015〕129号)

（七）非法贩卖麻醉药品、精神药品行为的定性问题

行为人向走私、贩卖毒品的犯罪分子或者吸食、注射毒品的人员贩卖国家规定管制的能够使人形成瘾癖的麻醉药品或者精神药品的，以贩卖毒品罪定罪处罚。

行为人出于医疗目的，违反有关药品管理的国家规定，非法贩卖上述麻醉药品或者精神药品，扰乱市场秩序，情节严重的，以非法经营罪定罪处罚。

——2016年最高人民法院《关于审理毒品犯罪案件适用法律若干问题的解释》(法释〔2016〕8号)

第四条　走私、贩卖、运输、制造毒品，具有下列情形之一的，应当认定为刑法第三百四十七条第四款规定的“情节严重”：

（一）向多人贩卖毒品或者多次走私、贩卖、运输、制造毒品的；

（二）在戒毒场所、监管场所贩卖毒品的；

（三）向在校学生贩卖毒品的；

（四）组织、利用残疾人、严重疾病患者、怀孕或者正在哺乳自己婴儿的妇女走私、贩卖、运输、制造毒品的；

（五）国家工作人员走私、贩卖、运输、制造毒品的；

（六）其他情节严重的情形。

——2017年最高人民法院《关于常见犯罪的量刑指导意见》(法发〔2017〕7号)

(十五) 走私、贩卖、运输、制造毒品罪

1. 构成走私、贩卖、运输、制造毒品罪的，可以根据下列不同情形在相应的幅度内确定量刑起点：

(1) 走私、贩卖、运输、制造鸦片一千克，海洛因、甲基苯丙胺五十克或者其他毒品数量达到数量大起点的，量刑起点为十五年有期徒刑。依法应当判处无期徒刑以上刑罚的除外。

(2) 走私、贩卖、运输、制造鸦片二百克，海洛因、甲基苯丙胺十克或者其它毒品数量达到数量较大起点的，可以在七年至八年有期徒刑幅度内确定量刑起点。

(3) 走私、贩卖、运输、制造鸦片不满二百克，海洛因、甲基苯丙胺不满十克或者其他少量毒品的，可以在三年以下有期徒刑、拘役幅度内确定量刑起点；情节严重的，可以在三年至四年有期徒刑幅度内确定量刑起点。

2. 在量刑起点的基础上，可以根据毒品犯罪次数、人次、毒品数量等其他影响犯罪构成的犯罪事实增加刑罚量，确定基准刑。

3. 有下列情节之一的，可以增加基准刑的10%~30%：

(1) 利用、教唆未成年人走私、贩卖、运输、制造毒品的；

(2) 向未成年人出售毒品的；

(3) 毒品再犯。

4. 有下列情节之一的，可以减少基准刑的30%以下：

(1) 受雇运输毒品的；

(2) 毒品含量明显偏低的；

（3）存在数量引诱情形的。

——《关于公安机关管辖的刑事案件立案追诉标准的规定（三）》

第一条　走私、贩卖、运输、制造毒品，无论数量多少，都应予立案追诉。

本条规定的“走私”是指明知是毒品而非法将其运输、携带、寄递进出国（边）境的行为。直接向走私人非法收购走私进口的毒品，或者在内海、领海、界河、界湖运输、收购、贩卖毒品的，以走私毒品罪立案追诉。

本条规定的“贩卖”是指明知是毒品而非法销售或者以贩卖为目的而非法收买的行为。

有证据证明行为人以牟利为目的，为他人代购仅用于吸食、注射的毒品，对代购者以贩卖毒品罪立案追诉。不以牟利为目的，为他人代购仅用于吸食、注射的毒品，毒品数量达到本规定第二条规定的数量标准的，对托购者和代购者以非法持有毒品罪立案追诉。明知他人实施毒品犯罪而为其居间介绍、代购代卖的，无论是否牟利，都应以相关毒品犯罪的共犯立案追诉。

本条规定的“运输”是指明知是毒品而采用携带、寄递、托运、利用他人或者使用交通工具等方法非法运送毒品的行为。

本条规定的“制造”是指非法利用毒品原植物直接提炼或者用化学方法加工、配制毒品，或者以改变毒品成分和效用为目的，用混合等物理方法加工、配制毒品的行为。为了便于隐蔽运输、销售、使用、欺骗购买者，或者为了增重，对毒品掺杂使假，添加或者去除其他非毒品物质，不属于制造毒品的行为。

为了制造毒品而采用生产、加工、提炼等方法非法制造易制毒化学品的，以制造毒品罪（预备）立案追诉。购进制造毒品的设备和原材料，开始着手制造毒品，尚未制造出毒品或者半成品的，以制造毒品罪（未遂）立案追诉。明知他人制造毒品而为其生产、加工、提炼、提供醋酸酐、乙醚、三氯甲烷等制毒物品的，以制造毒品罪的共犯立案追诉。

走私、贩卖、运输毒品主观故意中的“明知”，是指行为人知道或者应当知道所实施的是走私、贩卖、运输毒品行为。具有下列情形之一，结合行为人的供述和其他证据综合审查判断，可以认定其“应当知道”，但有证据证明确属被蒙骗的除外：

（一）执法人员在口岸、机场、车站、港口、邮局和其他检查站点检查时，要求行为人申报携带、运输、寄递的物品和其他疑似毒品物，并告知其法律责任，而行为人未如实申报，在其携带、运输、寄递的物品中查获毒品的；

（二）以伪报、藏匿、伪装等蒙蔽手段逃避海关、边防等检查，在其携带、运输、寄递的物品中查获毒品的；

（三）执法人员检查时，有逃跑、丢弃携带物品或者逃避、抗拒检查等行为，在其携带、藏匿或者丢弃的物品中查获毒品的；

（四）体内或者贴身隐秘处藏匿毒品的；

（五）为获取不同寻常的高额或者不等值的报酬为他人携带、运输、寄递、收取物品，从中查获毒品的；

（六）采用高度隐蔽的方式携带、运输物品，从中查获毒品的；

（七）采用高度隐蔽的方式交接物品，明显违背合法物品惯常交接方式，从中查获毒品的；

（八）行程路线故意绕开检查站点，在其携带、运输的物品中查获毒品的；

（九）以虚假身份、地址或者其他虚假方式办理托运、寄递手续，在托运、寄递的物品中查获毒品的；

（十）有其他证据足以证明行为人应当知道的。

注重身心变化，调整自我认知①

有些未成年人的道德和法制观念淡薄，在受到不健康内容刺激时，往往容易走上犯罪道路。尤其是贩卖毒品能带来高额经济回报，这让无数社会阅历尚浅的人员趋之若鹜。为了吸食毒品而寻求短暂的精神寄托，或者牟利满足物质欲望，无数未成年人走上贩毒的迷途。预防未成年人涉毒犯罪，需要未成年人学习法律知识，树立正确的道德和价值观，同时也需要从未成年人心理调整着手。

未成年人应该克服自我主义，摆正定位。未成年人的心理普遍充满了复杂性与矛盾性。其违法犯罪心理，是在外界社会消极因素影响下，与内部原有的不良心理因素相结合而产生的。未成年人违法犯罪的心理成因有青春期心理特点、主客观心理矛盾、人格社会化缺陷等。

① 参见《未成人犯罪的原因有哪些?》，载找法网，http：//china.findlaw.cn/bianhu/fanzuileixing/snfz/1057756.html，2020年4月22日访问。

首先，青春期心理特点决定了未成年人难以对客观信息作出正确的选择和评价，他们容易受社会不良因素的影响而违法犯罪。其次，满足个人需要的主观意向与客观可能性之间存在着矛盾。自我意识希望获得更多自由，而在无力满足欲望时，心理上难免产生许多矛盾和冲突，以致引发违法犯罪行为。最后，未成年人的人格社会化存在缺陷，主要表现为以自我为中心，个人主义严重，反社会的需要和动机。总之，未成年人应当明确学会换位思考，凡事多思考，不要一时冲动。

居间介绍毒品买卖也犯罪

家住湖南省道县的王某情出生于2000年，仅有小学文化。2017年11月某日，道县蚣坝镇一男子在微信上联系王某情购买冰毒。王某情吸毒多年，虽然未曾囤积毒品，但是认识很多毒贩。他作为中间人与毒贩刘某联系，先由刘某给出毒品价格，王某情再与购毒者谈妥价格，最后刘某直接向购毒者交付毒品。购毒者拿到毒品后，通过微信向王某情支付了报酬100元。

一个月后，同一购毒者再次联系王某情购买冰毒，并直接将购买两份毒品所需的700元转到了王某情的微信账户。这次，王某情将毒品放在自己车子上，与刘某一同将毒品送给购毒者。刘某到达现场后，从车窗中将装有毒品的小红包丢至购毒者面前。然而未等购毒者将小红包捡起，三人就被埋伏于此的道县公安局民警抓获。最终，王某情犯贩卖毒品罪，被判处有期一年，并处罚金人民币五千元。

无独有偶，就在上述案件审判后不久，湖南省桂阳县人民法院也公布了一起未成年人贩毒案的判决书，被告人朱某出生于2000年，自2017年

9月起，朱某某多次帮他人将冰毒、麻古等毒品贩卖给吸毒人员，并从中赚取利润。2017年10月，他在桂阳县城流星雨网吧送毒品时被民警抓获，当场查获疑似毒品的白色结晶体、红色颗粒3小袋。①

《2015年中国毒品形势报告》指出，2015年全国毒品滥用问题发生新变化，呈现出吸食海洛因等阿片类毒品人员比例下降，滥用合成毒品人员比例上升，吸毒人群覆盖各个年龄段、不同文化程度、各个社会职业群体。其中，滥用合成毒品问题突出，吸毒人员低龄化趋势明显，未成年吸毒人员比例已达1.8%。上述这两个前后时间判决的案件不过是毒品犯罪低龄化发展趋势的冰山一角。吸毒人员低龄化体现最明显的地区还是云南、广西、四川、贵州等地，这正是毒品犯罪最猖獗的地区。

毒品犯罪出现低龄化趋势是吸毒群体不断扩大的必然结果。无论未成年人是否意识到，一旦他们吸食毒品，便已经步入了"贩毒者—购毒者"的不良交际圈。未成年人大多不具有独立生活能力，没有固定收入，其抵御风险、辨别是非能力和自我控制能力都较差，在其遇到困难如毒资短缺时，会自然而然地选择快速获利的方法。此时，实施毒品犯罪则是一个"顺理成章"的选择。由于大部分未成年人并不具备充足的购买毒品资金，若其欲贩卖毒品也缺乏初始的购毒成本。因此部分未成年人常常居间介绍毒品买卖，试图从交易一方或者双方获得酬劳。

---

① 改编自《两"00后"贩毒获刑　未成年人涉毒犯罪增加曾引关注》，载凤凰新闻，http：//hunan.ifeng.com/a/20180517/6582671_0.shtml，2019年6月7日访问。

一、 居间介绍贩卖毒品与居中倒卖毒品

在毒品犯罪案件中，居间介绍贩卖毒品行为与居中倒卖毒品行为非常相似，但两者法律后果不同，因此有必要加以区分和明晰。2015 年最高人民法院印发《全国法院毒品犯罪审判工作座谈会纪要》明确规定："居间介绍者在毒品交易中处于中间人地位，发挥介绍联络作用，通常与交易一方构成共同犯罪，但不以牟利为要件；居中倒卖者属于毒品交易主体，与前后环节的交易对象是上下家关系，直接参与毒品交易并从中获利。"

具体而言，两种行为的区别主要在于：

1. 在毒品交易中的地位和作用不同

居间介绍者不是毒品交易的一方主体，既不是卖家也不是买家，在交易中仅处于中间人地位，负责牵线搭桥，介绍双方认识，对促成毒品交易起帮助作用。居中倒卖者虽然处于毒品交易链条的中间环节，但在每一个具体交易环节中都属于一方交易主体。比如在上游交易环节扮演下家的角色（毒品买家），在下游交易环节又扮演上家角色（毒品卖家），他们对每宗毒品交易的发起和达成起决定作用。

2. 是否成立共同犯罪不同

居间介绍者对毒品交易主体的买卖毒品行为起帮助作用，在处理上往往认定为毒品交易一方的共同犯罪人。居中倒卖者与前后环节的毒品交易主体不构成共犯关系，而单独构成贩卖毒品罪，如图 5 所示。

3. 有无获利及获利方式不同

居间介绍者不以牟利为要件，获得的报酬也不是通过赚取差价方式实现，而是来自交易一方或者双方支付的酬劳。居中倒卖者必

图 5　居中倒卖

然要从毒品交易中获利，而且是通过低价买进、高价卖出实现牟利。①

简而言之，区别居间介绍和居中倒卖看两个关键点。第一个关键点是毒品交易活动能否拆分成两个独立的毒品交易行为。第二个关键点是行为人获得的好处来自于毒品的卖出还是介绍行为，即其获取的是“利润”还是“酬劳”。这两个行为法律后果的最大差别在于，居间介绍贩卖毒品行为成立共犯，通常属于帮助犯，是从犯的一种，判处的刑罚比照主犯，应当从轻、减轻或者免除处罚。而居中倒卖毒品行为属于贩卖毒品的实行犯，一个人即可成立犯罪，独立定罪量刑。

二、居中介绍行为的认定

居间介绍毒品买卖行为的犯罪主要包括四种情形。

第一，受贩毒者委托，为贩毒者介绍联络购毒者的居间介绍者，与贩毒者构成贩卖毒品罪的共同犯罪，如图 6 所示。例如小明受小王委托，为小王联系有意向买毒品的人，与小王一起构成贩卖毒品罪的共同犯罪。

第二，受购毒者委托，为购毒者联络贩毒者的居间介绍者，如

① 参见李静然：《居间介绍买卖毒品的认定与处罚》，载《人民司法（案例版）》2016 年第 17 期，第 8~9 页。

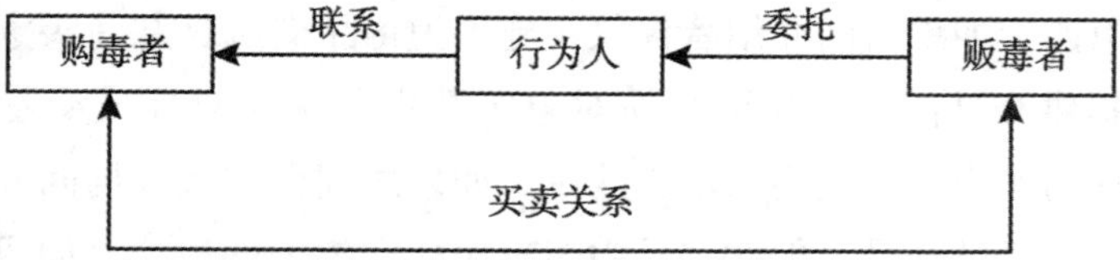

图 6　受贩毒者委托

果明知购毒者是以贩卖为目的购买毒品，则与购毒者构成贩卖毒品罪的共同犯罪；如果购毒者是以吸食为目的购买毒品，则居间介绍者在毒品数量达到法定最低数量标准时，通常与购毒者构成非法持有毒品罪的共同犯罪，如图 7 所示。举个例子，小明与小王是好朋友，小王委托小明购买一些毒品，于是小明去找贩毒者，并将该贩毒者介绍给小王认识，最终如果小王是为了贩卖而购买毒品的，则小明与小王构成贩卖毒品罪的共同犯罪；如果小王是为了自己吸食，在符合法定数量标准的情况下，小王和小明共同构成非法持有毒品罪。

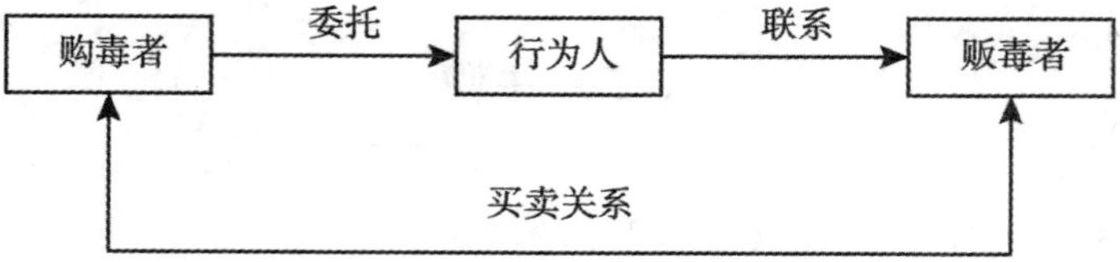

图 7　受购毒者委托

第三，居间介绍者同时与贩毒者、购毒者联络，促成双方交易的情况下，为了实现罪刑均衡，通常认定居间介绍者与贩毒者构成贩卖毒品罪的共同犯罪。即小明既受购毒者委托为其寻找贩毒者，又受贩毒者委托为其介绍购毒者时，小明与贩毒者构成贩卖毒品罪的共同犯罪。

第四，如果居间介绍者仅仅实施了为毒品交易双方（买家与卖家）提供交易信息、介绍交易对象等帮助行为，对促成交易起次要、辅助作用的，应当认定为从犯。如果居间介绍者以居间介绍的身份介入毒品交易，但在交易中超出居间介绍人的地位，如成为毒品买家或者卖家，或者在交易中帮助卖家或买家，对交易的发起和达成起重要作用的，可以认定为主犯。

法律小课堂

（一）共同犯罪

——《中华人民共和国刑法》

第二十五条　【共同犯罪的概念】共同犯罪是指二人以上共同故意犯罪。二人以上共同过失犯罪，不以共同犯罪论处；应当负刑事责任的，按照他们所犯的罪分别处罚。

（二）主犯

——《中华人民共和国刑法》

第二十六条　【主犯】组织、领导犯罪集团进行犯罪活动的或者在共同犯罪中起主要作用的，是主犯。

三人以上为共同实施犯罪而组成的较为固定的犯罪组织，是犯罪集团。

对组织、领导犯罪集团的首要分子，按照集团所犯的全部罪行处罚。

对于第三款规定以外的主犯，应当按照其所参与的或者组织、指挥的全部犯罪处罚。

(三) 从犯

——《中华人民共和国刑法》

第二十七条　【从犯】在共同犯罪中起次要或者辅助作用的，是从犯。对于从犯，应当从轻、减轻处罚或者免除处罚。

(四) 居间介绍买卖毒品行为和居中倒卖毒品行为的区分

——《全国法院毒品犯罪审判工作座谈会纪要》（法〔2015〕129号）

(二) 共同犯罪认定问题

办理贩卖毒品案件，应当准确认定居间介绍买卖毒品行为，并与居中倒卖毒品行为相区别。居间介绍者在毒品交易中处于中间人地位，发挥介绍联络作用，通常与交易一方构成共同犯罪，但不以牟利为要件；居中倒卖者属于毒品交易主体，与前后环节的交易对象是上下家关系，直接参与毒品交易并从中获利。居间介绍者受贩毒者委托，为其介绍联络购毒者的，与贩毒者构成贩卖毒品罪的共同犯罪；明知购毒者以贩卖为目的购买毒品，受委托为其介绍联络贩毒者的，与购毒者构成贩卖毒品罪的共同犯罪；受以吸食为目的的购毒者委托，为其介绍联络贩毒者，毒品数量达到刑法第三百四十八条规定的最低数量标准的，一般与购毒者构成非法持有毒品罪的共同犯罪；同时与贩毒者、购毒者共谋，联络促成双方交易的，通常认定与贩毒者构成贩卖毒品罪的共同犯罪。居间介绍者实施为毒品交易主体提供交易信息、介绍交易对象等帮助行为，对促成交易起次要、辅助作用的，应当认定为从犯；对于以居间介绍者的身份介入毒品交易，但在交易中超出居间介绍者的地位，对交易的发起和达成起重要作用的被告人，可以认定为主犯。

代购毒品行为的性质

2013年1月，王某（16岁）与李某（17岁）在朋友聚会上相识，交谈中得知双方都吸食冰毒，分开时，两人成为朋友并互留手机号码。2013年2月1日，王某打电话给李某称自己毒瘾发作，请求李某为其购买冰毒，李某同意，二人约定地点见面，王某给李某300元现金。李某拿着王某给的300元现金从张某处购得冰毒0.5克，后找到王某并将0.5克冰毒交与王某。

2013年2月10日，王某再次打电话给李某，要求李某帮其购买1克冰毒用于吸食。李某再次从张某处购得冰毒1克，并将冰毒给王某，王某给李某600元钱，并拿出部分冰毒分给李某吸食。

2013年2月25日，王某又一次打电话给李某，要求李某帮其购买冰毒用于吸食，并交给李某1000元钱。李某从张某处以900元的价格购买1.5克冰毒，后交于王某，李某暗中留下100元。在最后一次李某从毒贩手中购买毒品时，被公安机关查获。最终，李某因贩卖毒品，被法院依法判处有期徒刑二年。①

2008年最高人民法院《全国部分法院审理毒品犯罪案件工作座谈会纪要》规定，有证据证明行为人不以牟利为目的，为他人代购仅用于吸食的毒品，毒品数量超过法定最低数量标准的，对托购者、代购者应以非法持有毒品罪定罪。代购者从中牟利，变相加价贩卖毒品的，对代购者应以贩卖毒品罪定罪。2015年《全国法院毒品犯罪审判工作座谈会纪要》规定，行为人为吸毒者代购毒品，在运输过程中被查获，没有证据证明托购者、代购者是为了实施贩卖毒品等其他犯罪，毒品数量达到较大以上的，对托购者、代购者以运输毒品罪的共犯论处。行为人为他人代购仅用于吸食的毒品，在交通、食宿等必要开销之外收取"介绍费""劳务费"，或者以贩卖为目的收取部分毒品作为酬劳的，应视为从中牟利，属于变相加价贩卖毒品，以贩卖毒品罪定罪处罚。图8可以直观展示不同类型的代购者应该判处何种罪名。

案例中，李某为王某购买毒品的行为，就是毒品犯罪中的"代购"行为。在大多数情况下，"代购"行为都属于变相的贩卖行为。如代购人向托购人隐瞒购买毒品的真实价格，以超出"进货价格"为托购者"代购"的情况。即使行为人本人没有认识到其行为属于贩卖毒品，也不影响该行为的性质的转变。变相的加价贩卖是指行为人在为他人"代购"的过程中，获得了额外的利益。如在交通、食宿等必要开销之外收取"介绍费""劳务费"，或者以贩卖为目的收取部分毒品作为酬劳等情况，都属于"以牟利为目的"，

---

① 改编自《吸食毒品案件中代购的案例分析》，载毒品检测网：http：//www.dupinjianac.com/mod_article-article_content-article_id-305.html，2019年11月20日访问。

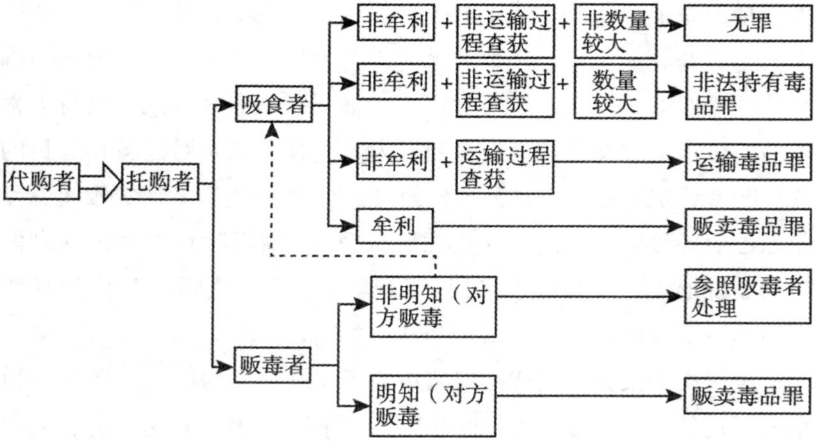

图 8　代购者刑罚适用类型

一旦代购者变相加价便可能成立贩卖毒品罪。

案例中李某为王某代购了三次毒品，每次情形都有不同。第一次李某拿王某给的 300 元为其买了 0.5 克冰毒并全数交付王某，此时李某并未从中获取好处，且王某购买毒品是为了吸食，该代购行为并不构成犯罪。并且，如果李某仅以代购毒品时花费的交通费、食宿费为限向王某索要财物也不构成贩卖毒品罪，因为此时李某也并非“以牟利为目的”。第二次李某为王某代购，虽未获取经济利益，但王某拿出部分毒品给李某吸食，李某实际获得了好处，具有“蹭吸”情节。

“蹭吸”与代购者“牟利”获取毒品以吸食的情况不同。“牟利”性质的毒品是行为人从托购者处获取毒品，如何处置可以由代购者自行决定。但“蹭吸”是指毒品购买回来以后，托购者吸食时分一部分给代购者吸食。例如本案中，王某将部分毒品分与李某一起吸食，此性质为“蹭吸”。如果王某分部分毒品给李某，李某如何处理毒品王某在所不问，则是以“获取毒品”作为报酬。“蹭吸”情节目前在司法实践中尚未形成定论，对于其是否属于“从中牟利”存在较大争议。多数意见认为，为他人代购仅用于吸食的毒品并“蹭吸”的行为，根本上是为了满足托购者及代购者自身吸食毒品的需求，故不宜认定为牟利行为。而且，如果对以吸食为目的的托购者认定非法持有毒品罪，对“蹭吸”的代购者认定贩卖毒品罪，也会导致处罚失衡。少数意见认为，“蹭吸”也是非法获利的一种表现形式，尤其对于多次“蹭吸”甚至以“蹭吸”作为代购毒品的主要目的的，应当认定为从中牟利。

第三次李某为王某代购时暗中留下 100 元据为己有，属于“以牟利为目的”。李某获取了额外利益，属于变相的贩卖行为，构成了贩卖毒品罪。代购者获取的好处不以事先取得为限，只要双方事先有约定即可，获取的好处也不以托购者知情为限，即使托购者不知情，只要行为人实际上获得了好处即可。此外，如果代购者在运输过程中被查获，且托购者、代购者并非为了实施贩卖毒品等其他犯罪而购买毒品，毒品数量达到法定数量标准的，托购者与代购者成立运输毒品罪的共同犯罪；如果代购者明知他人实施毒品犯罪而为其代购的，无论是否牟利，都应以托购人实施的毒品犯罪共犯论处。以本案为例，如果李某第一次代购毒品时在运输途中被查获，且毒品数量达到 10 克以上，则李某与王某构成运输毒品罪的共同犯罪；如果王某贩卖毒品，李某明知该情况而为其代购，则李某与王某构成贩卖毒品罪的共同犯罪。

法律小课堂

——《全国部分法院审理毒品犯罪案件工作座谈会纪要》（法〔2008〕324 号）

一、毒品案件的罪名确定和数量认定问题

有证据证明行为人不以牟利为目的，为他人代购仅用于吸食的毒品，毒品数量超过刑法第三百四十八条规定的最低数量标准的，对托购者、代购者应以非法持有毒品罪定罪。代购者从中牟利，变相加价贩卖毒品的，对代购者应以贩卖毒品罪定罪。明知他人实施毒品犯罪而为其居间介绍、代购代卖的，无论是否牟利，都应以相关毒品犯罪的共犯论处。

——《全国法院毒品犯罪审判工作座谈会纪要》(法〔2015〕129 号)

二、关于毒品犯罪法律适用的若干具体问题

(一) 罪名认定问题

行为人为吸毒者代购毒品，在运输过程中被查获，没有证据证明托购者、代购者是为了实施贩卖毒品等其他犯罪，毒品数量达到较大以上的，对托购者、代购者以运输毒品罪的共犯论处。行为人为他人代购仅用于吸食的毒品，在交通、食宿等必要开销之外收取“介绍费”“劳务费”，或者以贩卖为目的收取部分毒品作为酬劳的，应视为从中牟利，属于变相加价贩卖毒品，以贩卖毒品罪定罪处罚。

擦亮眼睛，切莫误信他人悔恨终身

【案例一】2014年的某日，深圳市公安局机场分局接到南航货站安检员报警，经调查发现寄往江苏省连云港市赣榆县的邮政快递内藏有含量为59%的毒品甲基苯丙胺862克，及甲基苯丙胺、咖啡因混合毒品0.32克。同月28日上午，赣榆县九里村邮政支局工作人员拨打邮政快递上收件人电话通知取邮件，张某接到电话后联系了16岁的苏某，二人共同前往邮局。到达邮局后二人反复进出邮局查看情况，确认安全后，张某将写有收件人姓名、电话的纸条交给苏某，由苏某单独进入邮局领取装有毒品的邮件。当苏某准备走出邮局门口时被公安机关抓获，张某见状逃离现场。同年4月18日张某被抓获。一审判决张某犯运输毒品罪，判处无期徒刑，剥夺政治权利终身，并处没收个人财产人民币三万元；苏某无罪。终审判决张某犯非法持有毒品罪，判处有期徒刑九年，并处罚金人民币三万元；苏某犯非法持有毒品罪，判处有期徒刑三年，并处罚金人民币一万元。①

【案例二】16岁的年龄，本来应该接受教育，在学校好好学习，然而在云南的小欣却走上了犯罪的道路。某日，小欣与人包车同往昆明时，被警方抓获。在两人胸衣夹层里，民警发现四包可疑物品，经过称重鉴定，小欣随身带的可疑物品正是毒品海洛因。直到这时，小欣才知道自己信任的吴姐，竟然利用自己运输毒品，之前询问吴姐时，吴姐称这只是象牙粉。小欣13岁时，因为在学校打架被劝退，之后一直在昆明打工，吴姐就是在打工期间认识的。一次偶然的机会，小欣帮吴姐带过一次“象牙粉”。出乎小欣意料的是，吴姐在事后竟然给了自己几千元的报酬。因此，就在事发前，吴姐再次要求小欣帮忙带“象牙粉”，小欣爽快地答应了。

小欣在接受审理的过程中表示，自己的出格举动，无论是打架斗殴，还是运输毒品，都是希望引起家长的注意。因为小欣从小就没有了母亲，父亲再婚后又有了个男孩，继母只管照顾弟弟，父亲忙于工作，并没有时间管小欣。综合小欣尚未成年，被捕后主动交代犯罪事实，认罪态度良好等情况。最终法院依法判以小欣有期徒刑七年，并处罚金5000元。②

《刑法》第347条规定了走私、贩卖、运输、制造毒品罪，这是一个选择性罪名，即只要实施其中一种或者多种行为，均成立该

① 参见《广东省深圳市中级人民法院〔2014〕深中法刑一初字第277号刑事判决书》；《广东省高级人民法院〔2017〕粤刑终844号刑事判决书》。

② 改编自《未成年少女贩毒竟为引起家长注意》，载中国禁毒网：http：www. nncc626. com/2019-01/08/c_1210032737. htm，2019年6月12日访问。

罪。对同一宗毒品实施了两种以上犯罪行为的，应当按照所实施的行为性质并列确定罪名，毒品数量不重复计算，不实行数罪并罚。例如，行为人既运输了3克海洛因，又将运输的3克海洛因卖出去了，仅构成贩卖、运输毒品罪一种犯罪，毒品数量为3克。对不同宗毒品分别实施了不同种行为的，应对不同行为并列确定罪名，累计毒品数量，但不实行数罪并罚。例如，行为人贩卖了3克海洛因，一个月后又运输了3克海洛因，应以贩卖、运输毒品一罪定罪处罚，毒品数量为6克。

是否同宗指的是犯罪对象是否同一，是否为同样的对象。若同一，则可认定为“同宗”；若不同一，则属于“不同宗”。但如果行为对象并非限于毒品一种，如走私毒品的同时又走私其他物品，走私其他物品的行为同样构成犯罪的。即使只实施了一次走私行为，也应当以走私毒品罪和触犯的其他走私罪分别定罪，依法数罪并罚。例如，行为人在走私3克海洛因的同时，还走私了淫秽物品，则构成走私毒品罪和走私淫秽物品罪，数罪并罚。本罪需在行为人明知是毒品的情况下实施走私、贩卖、运输、制造毒品行为（至少一个）；如果并不明知，则可能构成走私普通货物物品罪或无罪，除贩卖行为外，其余行为只有当行为人实施行为时年满16周岁才承担刑事责任。

一、 走私、 运输毒品罪

走私毒品，是指违反海关法规，逃避海关监管，非法运输、携带、邮寄毒品进出国（边）境的行为。走私毒品的行为方式多种多样，具体包括：（1）从境外购买毒品后非法入境，或者与境外贩毒分子相勾结，将毒品偷运入境；（2）将非法入境的毒品偷运出境，或者把在境内购买的毒品偷运出境；（3）为走私毒品的犯罪分子和集团购买、运输毒品，或者在边境地区与境外走私毒品分子相勾结，买卖、运输毒品；（4）与走私毒品的犯罪分子通谋，为其提供货款、资金、实物或者为其提供运输、保管、藏匿以及其他方便；（5）与走私毒品的犯罪分子相勾结，在内地直接向走私毒品分子购买毒品；（6）依法从事生产、运输、管理、使用国家管制的麻醉药品、精神药品的单位或人员，违反国家规定，向走私毒品犯罪分子提供国家管制的麻醉药品或精神药品并偷运出境等。其中第（5）种形式必须特别注意，这种情形中，行为人并未参与走私行为，而是直接向走私毒品分子购买毒品的，这属于“间接走私”，也构成犯罪。

运输毒品，是指明知是毒品而采取携带、邮寄、利用他人或者使用交通工具等方法非法将毒品从一个地方运送到另一个地方的行为。走私行为与运输行为的区别就在于是否经过海关，是否进出国边境，行为本质是相似的。在司法实务中，对“运输”的范围认定各不相同，最严格的情况下跨区即可认定为“运输”，通常情况下跨市方才认定为“运输”。

二、 制造毒品罪

制造毒品，是指违反国家关于毒品的管理法规，非法利用毒品原植物直接提炼或者用化学方法将其加工、配制成为可以供人吸食、注射的毒品，或者以改变毒品成分和效用为目的，用混合等物理方法将其加工、配制成为可以供人吸食、注射的毒品的行为。制造毒品的行为主要有以下几种表现形式：（1）从古柯中提炼可卡因；（2）从大麻中提炼、配制大麻子、大麻油等系列毒品；（3）从罂粟中提炼、制造吗啡、鸦片、海洛因系列毒品；（4）用化学原料配制冰毒等化学毒品。

司法实践中，为了加强运输、销售、使用的隐蔽性或者为了欺骗购买者，或者为了增重而对毒品掺杂掺假，添加或者去除面粉等非毒品物质，不属于制造毒品的行为。为了制造毒品而生产，加工、提炼易制毒化学品的行为属于制造毒品的预备行为，也构成犯罪，即制造毒品罪（预备）。例如行为人为了制造毒品而生产，加工醋酸酐、乙醚、三氯甲烷等易制毒物品的行为。行为人购进制造毒品的设备和原材料，开始着手制造毒品，但尚未制造出毒品或者半成品的行为，构成制造毒品罪（未遂）。明知他人制造毒品而为其生产、加工、提炼、提供醋酸酐、乙醚、三氯甲烷等易制毒物品的，构成制造毒品罪的共同犯罪。

三、案例评析

1. 案例一的评析

案例一中，张某成立运输毒品罪。毒品运输既可以通过传统机械运输，又可以通过邮寄方式运输。案例一中张某运输甲基苯丙胺862克，甲基苯丙胺、咖啡因混合毒品0.32克，涉案毒品数量极大，属于法定刑幅度为15年有期徒刑、无期徒刑或者死刑的情形，因此一审判处张某无期徒刑。但是，邮寄方式与其他传统运输方式不同，并非行为人携带运输的行为，是否认定为“运输”需结合其他条件整体判断。二审判决认为，虽然张某、苏某无视国家法律，接收贩毒者通过物流方式交付的毒品，毒品通过邮寄发生了空间上的位移，但张某、苏某仅是毒品的接收者，也并未控制毒品的运输过程，认定运输毒品罪证据不足，因此改判非法持有毒品罪。

《刑法》对走私、贩卖、运输、制造毒品罪设置的顶格刑罚为死刑，那么案例一的一审为什么未使用死刑？一方面，是因为《刑法》明确规定了死刑不适用于犯罪时未满18周岁的未成年人；另一方面，是因为世界范围内已经呈现出废除死刑、严格控制死刑适用的趋势，即使我国坚持“从严”打击毒品犯罪的刑事政策，但是对毒品犯罪的死刑适用也设置了诸多限制。在毒品案件中，刑事司法机关通常在以下五种情形下判处毒品犯罪被告人死刑。

其一，具有“毒品犯罪集团首要分子”、“武装掩护毒品犯罪”（毒品犯罪过程中携带武器装备的，如枪支、弹药和爆炸物）、“暴力抗拒检查”（为不接受检查而以武力反抗的）、“参与有组织的国际贩毒活动”等严重情节的。

其二，毒品数量达到实际掌握的死刑数量标准，并具有“毒品再犯”“累犯”“利用、教唆未成年人走私、贩卖、运输、制造毒品”，或“向未成年人出售毒品”等法定从重处罚情节的。其中，“毒品再犯”是指因走私、贩卖、运输、制造、非法持有毒品罪被判过刑，又犯相关毒品犯罪的情况，例如，犯罪分子于1993年被判处贩卖毒品罪，2004年又犯运输毒品罪。而“累犯”是指因故意犯罪被判处有期徒刑以上刑罚的犯罪分子，刑罚执行完毕或者赦免以后，在5年以内再犯应当判处有期徒刑以上刑罚的故意犯罪的情况，但前罪与后罪中任意一罪在犯罪时不满18周岁的不属于累犯。例如，犯罪分子在1993年2月因抢劫罪被判处3年有期徒刑，1996年2月刑满释放，如果其在2001年2月之前又犯贩卖毒品罪，应当判处有期徒刑以上刑罚，则属于累犯，依法从重处罚，但如果当事人在1993年时只有17岁，则其不构成累犯，不能对其从重处罚。

其三，毒品数量达到实际掌握的死刑数量标准，并具有“多次走私、贩卖、运输、制造毒品”“向多人贩毒”“在毒品犯罪中诱使、容留多人吸毒”“在戒毒监管场所贩毒”“国家工作人员利用职务便利实施毒品犯罪”或“职业犯”“惯犯”“主犯”等情节的。

其四，毒品数量达到实际掌握的死刑数量标准，并具有其他从重处罚情节的。

其五，毒品数量超过实际掌握的死刑数量标准，且没有法定、酌定从轻处罚情节的。当然，死刑包括死刑立即执行和死刑缓期两年执行，在有些情形中，即使达到死刑标准也可不适用死刑立即执行。

2. 案例二的评析

案例二中小欣的犯罪过程明显体现出家庭环境对未成年人犯罪的影响，小欣的“不知情”也体现出其法律意识的淡薄和自我保护意识缺失，造成这种结果，也是小欣监护人的失职。在案例中，小欣并不明确知道她所携带的是毒品，但从“白色粉末”“在事后竟然给了自己几千元的报酬”的情况来看，小欣具有认识到携带物品是毒品的可能，属于典型的“为获取不同寻常的高额、不等值报酬为他人携带、运输物品，从中查获毒品”情况，可以认定为“明知”，当然，在本案中，小欣是被利用的，应当被认定为从犯，吴姐属于主犯。两个案例中行为人都构成了共同犯罪，运输毒品罪中由未成年人独自实施的情形较为罕见。运输毒品的共同犯罪的认定需要结合同行犯罪人是否明知他人带有毒品，双方之间有无共同运输毒品的意思联络，有无实施配合、掩护他人运输毒品的行为等因素综合认定。例如，小明与小王同行，小明携带有毒品，如果小王明知小明带有毒品而在检查时与其配合以逃避检查，则成立共同犯罪。

在受雇运输方面，存在不同种情形。首先，对于两人受雇于同一雇主同行运输毒品，但受雇者之间没有共同犯罪故意，或者虽然明知他人受雇运输毒品，但各自的运输行为相对独立，既没有实施配合、掩护他人运输毒品的行为，又分别按照各自运输的毒品数量领取报酬的情况，受雇者之间不属于共同犯罪，各自分别与雇佣者构成运输毒品罪的共同犯罪。例如，小明和小王都被小华雇佣运输毒品，小明运输 3 克获酬金 200 元，小王运输 6 克获酬金 400 元。小明与小王都知道对方也被雇佣运输毒品，但在运输过程中双方没有交流，此时小明与小王不成立共同犯罪，小明与小华成立运输毒品的共同犯罪，数量为 3 克，同时小华还与小王成立运输毒品的共同犯罪，数量为 6 克，小华涉嫌犯罪的毒品数量为 9 克。其次，对于两人受雇于同一雇主分段运输同一宗毒品，但受雇者之间没有犯罪共谋的，也不应认定为共同犯罪。再如，小明和小王都被小华雇佣运输毒品，且运输的是同一批次的 6 克毒品，小明负责从 A 地运到 B 地，小王负责从 B 地运到目的地 C 地。只要小王与小明之间没有联络沟通，就不成立共同犯罪。此时小明与小华成立运输毒品的共同犯罪，数量为 6 克，同时小华还与小王成立运输毒品的共同犯罪，数量为 6 克，即小华涉案毒品数量为 6 克。

法律小课堂

（一）共同犯罪

——《中华人民共和国刑法》

第二十八条　【胁从犯】对于被胁迫参加犯罪的，应当按照他的犯罪情节减轻处罚或者免除处罚。

第二十九条　【教唆犯】教唆他人犯罪的，应当按照他在共同犯罪中所起的作用处罚。教唆不满十八周岁的人犯罪的，应当从重处罚。如果被教唆的人没有犯被教唆的罪，对于教唆犯，可以从轻或者减轻处罚。

（二）累犯

——《中华人民共和国刑法》

第六十五条　【一般累犯】被判处有期徒刑以上刑罚的犯罪分子，刑罚执行完毕或者赦免以后，在五年以内再犯应当判处有期徒刑以上刑罚之罪的，是累犯，应当从重处罚，但是过失犯罪和不满十八周岁的人犯罪的除外。前款规定的期限，对于被假释的犯罪分子，从假释期满之日起计算。

第六十六条　【特别累犯】危害国家安全犯罪、恐怖活动犯罪、黑社会性质的组织犯罪的犯罪分子，在刑罚执行完毕或者赦免以后，在任何时候再犯上述任一类罪的，都以累犯论处。

（三）毒品犯罪的再犯

——《中华人民共和国刑法》

第三百五十六条　【毒品犯罪的再犯】因走私、贩卖、运输、制造、非法持有毒品罪被判过刑，又犯本节规定之罪的，从重处罚。

（四）毒品案件死刑问题

——《办理毒品犯罪案件适用法律若干问题的意见》

四、关于死刑案件的毒品含量鉴定问题

可能判处死刑的毒品犯罪案件，毒品鉴定结论中应有含量鉴定的结论。

——《全国部分法院审理毒品犯罪案件工作座谈会纪要》（法〔2008〕324号）

二、毒品犯罪的死刑适用问题

审理毒品犯罪案件，应当切实贯彻宽严相济的刑事政策，突出毒品犯罪的打击重点。必须依法严惩毒枭、职业毒犯、再犯、累犯、惯犯、主犯等主观恶性深、人身危险性大、危害严重的毒品犯罪分子，以及具有将毒品走私入境，多次、大量或者向多人贩卖，诱使多人吸毒，武装掩护、暴力抗拒检查、拘留或者逮捕，或者参与有组织的国际贩毒活动等情节的毒品犯罪分子。对其中罪行极其严重依法应当判处死刑的，必须坚决依法判处死刑。

毒品数量是毒品犯罪案件量刑的重要情节，但不是唯一情节。对被告人量刑时，特别是在考虑是否适用死刑时，应当综合考虑毒品数量、犯罪情节、危害后果、被告人的主观恶性、人身危险性以及当地禁毒形势等各种因素，做到区别对待。近期，审理毒品犯罪案件掌握的死刑数量标准，应当结合本地毒品犯罪的实际情况和依法惩治、预防毒品犯罪的需要，并参照最高人民法院复核的毒品死刑案件的典型案例，恰当把握。量刑既不能只片面考虑毒品数量，不考虑犯罪的其他情节，也不能只片面考虑其他情节，而忽视毒品数量。

对虽然已达到实际掌握的判处死刑的毒品数量标准，但是具有法定、酌定从宽处罚情节的被告人，可以不判处死刑；反之，对毒品数量接近实际掌握的判处死刑的数量标准，但具有从重处罚情节的被告人，也可以判处死刑。毒品数量达到实际掌握的死刑数量标准，既有从重处罚情节，又有从宽处罚情节的，应当综合考虑各方面因素决定刑罚，判处死刑立即执行应当慎重。

具有下列情形之一的，可以判处被告人死刑：(1) 具有毒品犯罪集团首要分子、武装掩护毒品犯罪、暴力抗拒检查、拘留或者逮捕、参与有组织的国际贩毒活动等严重情节的；(2) 毒品数量达到实际掌握的死刑数量标准，并具有毒品再犯、累犯，利用、教唆未成年人走私、贩卖、运输、制造毒品，或者向未成年人出售毒品等法定从重处罚情节的；(3) 毒品数量达到实际掌握的死刑数量标准，并具有多次走私、贩卖、运输、制造毒品，向多人贩毒，在毒品犯罪中诱使、容留多人吸毒，在戒毒监管场所贩毒，国家工作人员利用职务便利实施毒品犯罪，或者职业犯、惯犯、主犯等情节的；(4) 毒品数量达到实际掌握的死刑数量标准，并具有其他从重处罚情节的；(5) 毒品数量超过实际掌握的死刑数量标准，且没有法定、酌定从轻处罚情节的。

毒品数量达到实际掌握的死刑数量标准，具有下列情形之一的，可以不判处被告人死刑立即执行：(1) 具有自首、立功等法定从宽处罚情节的；(2) 已查获的毒品数量未达到实际掌握的死刑数量标准，到案后坦白尚未被司法机关掌握的其他毒品犯罪，累计数量超过实际掌握的死刑数量标准的；(3) 经鉴定毒品含量极低，掺假之后的数量才达到实际掌握的死刑数量标准的，或者有证据表明可能大量掺假但因故不能鉴定的；(4) 因特情引诱毒品数量才达到实际掌握的死刑数量标准的；(5) 以贩养吸的被告人，被查获的毒品数量刚达到实际掌握的死刑数量标准的；(6) 毒品数量刚达到实际掌握的死刑数量标准，确属初次犯罪即被查获，未造成严重危害后果的；(7) 共同犯罪毒品数量刚达到实际掌握的死刑数量标准，但各共同犯罪人作用相当，或者责任大小难以区分的；（8）家庭成员共同实施毒品犯罪，其中起主要作用的被告人已被判处死刑立即执行，其他被告人罪行相对较轻的；（9）其他不是必须判处死刑立即执行的。

有些毒品犯罪案件，往往由于毒品、毒资等证据已不存在，导致审查证据和认定事实困难。在处理这类案件时，只有被告人的口供与同案其他被告人供述吻合，并且完全排除诱供、逼供、串供等情形，被告人的口供与同案被告人的供述才可以作为定案的证据。仅有被告人口供与同案被告人供述作为定案证据的，对被告人判处死刑立即执行要特别慎重。

(五) 死刑适用问题

——《全国法院毒品犯罪审判工作座谈会纪要》（法〔2015〕129号）

1. 运输毒品犯罪的死刑适用

对于运输毒品犯罪，应当继续按照《大连会议纪要》的有关精神，重点打击运输毒品犯罪集团首要分子，组织、指使、雇用他人运输毒品的主犯或者毒枭、职业毒犯、毒品再犯，以及具有武装掩护运输毒品、以运输毒品为业、多次运输毒品等严重情节的被告人，对其中依法应当判处死刑的，坚决依法判处。

对于受人指使、雇用参与运输毒品的被告人，应当综合考虑毒品数量、犯罪次数、犯罪的主动性和独立性、在共同犯罪中的地位作用、获利程度和方式及其主观恶性、人身危险性等因素，予以区别对待，慎重适用死刑。对于有证据证明确属受人指使、雇用运输毒品，又系初犯、偶犯的被告人，即使毒品数量超过实际掌握的死刑数量标准，也可以不判处死刑；尤其对于其中被动参与犯罪，从属性、辅助性较强，获利程度较低的被告人，一般不应当判处死刑。对于不能排除受人指使、雇用初次运输毒品的被告人，毒品数量超过实际掌握的死刑数量标准，但尚不属数量巨大的，一般也可以不判处死刑。

一案中有多人受雇运输毒品的，在决定死刑适用时，除各被告人运输毒品的数量外，还应结合其具体犯罪情节、参与犯罪程度、与雇用者关系的紧密性及其主观恶性、人身危险性等因素综合考虑，同时判处二人以上死刑要特别慎重。

2. 毒品共同犯罪、上下家犯罪的死刑适用

毒品共同犯罪案件的死刑适用应当与该案的毒品数量、社会危害及被告人的犯罪情节、主观恶性、人身危险性相适应。涉案毒品数量刚超过实际掌握的死刑数量标准，依法应当适用死刑的，要尽量区分主犯间的罪责大小，一般只对其中罪责最大的一名主犯判处死刑；各共同犯罪人地位作用相当，或者罪责大小难以区分的，可以不判处被告人死刑；二名主犯的罪责均很突出，且均具有法定从重处罚情节的，也要尽可能比较其主观恶性、人身危险性方面的差异，判处二人死刑要特别慎重。涉案毒品数量达到巨大以上，二名以上主犯的罪责均很突出，或者罪责稍次的主犯具有法定、重大酌定从重处罚情节，判处二人以上死刑符合罪刑相适应原则，并有利于全案量刑平衡的，可以依法判处。

（六）运输毒品问题

——《全国部分法院审理毒品犯罪案件工作座谈会纪要》（法〔2008〕324号）

三、运输毒品罪的刑罚适用问题

对于运输毒品犯罪，要注意重点打击指使、雇佣他人运输毒品的犯罪分子和接应、接货的毒品所有者、买家或者卖家。对于运输毒品犯罪集团首要分子，组织、指使、雇佣他人运输毒品的主犯或者毒枭、职业毒犯、毒品再犯，以及具有武装掩护、暴力抗拒检查、拘留或者逮捕、参与有组织的国际毒品犯罪、以运输毒品为业、多次运输毒品或者其他严重情节的，应当按照刑法、有关司法解释和司法实践实际掌握的数量标准，从严惩处，依法应判处死刑的必须坚决判处死刑。

毒品犯罪中，单纯的运输毒品行为具有从属性、辅助性特点，且情况复杂多样。部分涉案人员系受指使、雇佣的贫民、边民或者无业人员，只是为了赚取少量运费而为他人运输毒品，他们不是毒品的所有者、买家或者卖家，与幕后的组织、指使、雇佣者相比，在整个毒品犯罪环节中处于从属、辅助和被支配地位，所起作用和主观恶性相对较小，社会危害性也相对较小。因此，对于运输毒品犯罪中的这部分人员，在量刑标准的把握上，应当与走私、贩卖、制造毒品和前述具有严重情节的运输毒品犯罪分子有所区别，不应单纯以涉案毒品数量的大小决定刑罚适用的轻重。

对有证据证明被告人确属受人指使、雇佣参与运输毒品犯罪，又系初犯、偶犯的，可以从轻处罚，即使毒品数量超过实际掌握的死刑数量标准，也可以不判处死刑立即执行。

毒品数量超过实际掌握的死刑数量标准，不能证明被告人系受人指使、雇佣参与运输毒品犯罪的，可以依法判处重刑直至死刑。

涉嫌为贩卖而自行运输毒品，由于认定贩卖毒品的证据不足，因而认定为运输毒品罪的，不同于单纯的受指使为他人运输毒品行为，其量刑标准应当与单纯的运输毒品行为有所区别。

——《全国法院毒品犯罪审判工作座谈会纪要》（法〔2015〕129号）

（二）共同犯罪认定问题

两人以上同行运输毒品的，应当从是否明知他人带有毒品，有无共同运输毒品的意思联络，有无实施配合、掩护他人运输毒品的行为等方面综合审查认定是否构成共同犯罪。受雇于同一雇主同行运输毒品，但受雇者之间没有共同犯罪故意，或者虽然明知他人受雇运输毒品，但各自的运输行为相对独立，既没有实施配合、掩护他人运输毒品的行为，又分别按照各自运输的毒品数量领取报酬的，不应认定为共同犯罪。受雇于同一雇主分段运输同一宗毒品，但受雇者之间没有犯罪共谋的，也不应认定为共同犯罪。雇用他人运输毒品的雇主，及其他对受雇者起到一定组织、指挥作用的人员，与各受雇者分别构成运输毒品罪的共同犯罪，对运输的全部毒品数量承担刑事责任。

提升辨别能力，拒绝危险行为

未成年人应坚定内心，不为利益诱惑。未成年人走向错误的道路，与其个人价值观密不可分。由于学校的心理健康教育实施效果不够理想，未成年人面临产生各种心理困惑、心理失衡以及心理疾病时，无法得到正确疏解，导致出现极端自我和极端自卑的情况，毒品就有了可乘之机。随着接触毒品机会的增多，懵懂的未成年人容易被他人诓骗，无法抵制金钱与欲望的诱惑，而走上涉毒犯罪道路。故而未成年人应当坚定内心，保持积极乐观的生活态度，一旦出现困惑、迷茫或者其他心理问题，及时向朋友、家人或者教师寻求帮助，调整情绪，磨炼意志，自觉抵制毒品，绝不能因为谋取不正当利益而轻易参与毒品犯罪。

未成年人应加强法制知识学习，严于律己。法制教育还没有使大部分未成年人将法律规范要求内化为自己的需要和行为，树立法治观念和意识，导致法制教育无法实现预期的预防犯罪效果。对此，不仅是学校课程和社会环境的问题，更是未成年人自己法制意识淡薄的结果。法律是规范行为的基本准则，作为祖国希望的未成年人更应该努力学习基本的法律常识，绝不能因为无知而挑战神圣的法律。

好面子酿成难咽苦果

17 岁的胡某，从初中开始就在社会中漂荡。两年前，他跟恋爱多年的女朋友分手了，为了纾解心情，每天通过上网、泡吧、跳舞来混日子。以前他周围的朋友也有人在吸食毒品，听说过毒品能帮人释放压力、缓解负面情绪，当时他并未在意。然而在失恋的痛苦日子中，他偶然在一个朋友家中看见很多人围着吸毒。一个朋友对他说："心情不好来口这个，包你舒服。"当时他就是出于好奇，而且爱面子，毕竟他还从来没有"不敢"的时候，朋友叫他吸，他要是不吸，面子都没有了。他吸第一口的时候被呛住了，根本没有吸下去，朋友帮他敲小一点，让他慢慢吸。他吸完之后就昏昏沉沉睡过去了，也没觉得有什么舒服的感觉。

之后，朋友们吸的时候胡某就主动要求吸，想看看到底能有多舒服。两次过后胡某就上瘾了，朋友为其免费提供了一段时间的毒品后，胡某就得开始自己买毒品。之后，胡某辍学，家里给他开了个小店，由于只有他一个人看店，他的那帮朋友会过来玩一下，后来就发展到胡某在前面看店，朋友们在后面吸毒。胡某爱面子，基本不拒绝他的那些兄弟。某次，朋友在小店后面吸毒时，警察突然前来并将他们抓获，最终法院认定胡某犯容留他人吸毒罪，判处有期徒刑二年。①

容留他人吸毒罪，是指为他人吸食、注射毒品提供场所的行为。提供场所的方式是多种多样的，既可以是行为人主动提供，也可以是在吸毒者要求或主动前来，而容留者被动提供。既可以是有偿提供，也可以是无偿提供。提供的地点，既可以是自己的住所，也可以是其亲戚朋友或由其指定的其他隐藏的场所。

司法实践中，容留他人吸毒一般可分为三种情形。第一，行为人专门为吸毒者准备某种比较固定的场所。如利用居所容留他人吸毒。第二，饭店、宾馆、咖啡馆、酒吧、舞厅等营业性场所的经营、服务人员利用经营性场所容留他人吸毒。第三，航空器、轮船、火车、汽车的司机管理人员利用交通工具容留他人吸毒等。其中，无论行为人提供场所是否出于自愿、有偿容留或无偿容留、容留人数多少和次数多少，只要实施了容留他人吸食毒品的行为，都不影响本罪的成立。但是，偶尔容留他人吸食、注射毒品，确实属于情节显著轻微危害不大的，按照《刑法》第13条“但书”的规定，这种行为可以不作为犯罪处理。容留近亲属（父母、子女、配偶）吸食、注射毒品，情节显著轻微危害不大的，不作为犯罪处理；需要追究刑事责任的，可以酌情从宽处罚。

结合本案，胡某虽然是利用其开的小店容留其朋友吸毒，但由于其利用的是后方生活区域，而且其开的小店也并非饭店、宾馆、咖啡馆、酒吧、舞厅等营业性场所，仍然属于利用居所容留他人吸

① 改编自H省未成年犯管教所真实案例。

毒。胡某容留的对象不属于近亲属的范围，且次数和人数众多，不属于情节显著轻微危害不大的情形，不具有免罪或者从宽处罚情节。此外，如果行为人向他人贩卖毒品后又容留其吸食、注射毒品，或者容留他人吸食、注射毒品并向其贩卖毒品，符合容留他人吸毒罪的定罪条件的以贩卖毒品罪和容留他人吸毒罪数罪并罚，不符合容留他人吸毒罪的定罪条件的，以贩卖毒品罪定罪量刑。例如，小明卖给小王 3 克海洛因，并应小王要求允许小王在其家中吸食，则既构成贩卖毒品罪，也构成容留他人吸毒罪，应当数罪并罚。

容留他人吸毒行为入罪标准包括六种情形。其一，一次容留多人（通常为三人）吸食、注射毒品的；其二，二年内多次（通常为三次）容留他人吸食、注射毒品的；其三，二年内曾因容留他人吸食、注射毒品受过行政处罚的；其四，容留未成年人吸食、注射毒品的；其五，以牟利为目的容留他人吸食、注射毒品的；其六，容留他人吸食、注射毒品造成严重后果的。其中，“严重后果”应当包括造成他人严重生理功能损伤或死亡，造成他人精神失常等情况。这些行为之所以应当被追诉，是因为其行为本质已达到刑法所规定的严重社会危害性，其核心特征是：次数多、人数多、屡教不改等。

本案例中，胡某之所以触犯刑法，原因在于三方面。

第一，法律意识淡薄。容留他人吸毒罪本身属于行政犯，即本罪并非如故意杀人罪、抢劫罪等自然犯一般，因违背社会道德伦理而理所当然为犯罪，本罪更多的是出于行政管理的需要而被确定为犯罪。也是因此，其社会危害性较难被认识到。但在吸毒被认定为违法的背景下，胡某应当认识到为他人吸毒提供帮助至少是违法行为。在不确定该行为违法性的情况下，胡某应当通过查找资料或咨询专业人员了解行为性质。然而胡某并没有如此做，突显出了胡某法律意识的淡薄。

第二，胡某爱面子的性格。胡某虽然没有意识到为他人吸食、注射毒品提供场所是犯罪行为，但他意识到让人在他店里吸毒是不好的，也并不是十分情愿。但由于其爱面子的性格，害怕拒绝那些兄弟会被指责、嘲笑，也迷恋提供场所之后他在兄弟之中取得的地位、优越感，所以基本不拒绝兄弟们的要求，最终酿成苦果。

第三，胡某吸毒经历的麻痹。胡某自己就是吸毒人员，他曾经在兄弟家吸毒多次都没事，这使他误以为提供场所这种事情是不会被追究的。未成年人应该谨慎交友，不盲从、不自大，弄清每个行为的性质和后果，不为一时的面子，或者自以为是的想法，而犯下容留他人吸毒的罪行。

法律小课堂

——《中华人民共和国刑法》

第三百五十四条　【容留他人吸毒罪】容留他人吸食、注射毒品的，处三年以下有期徒刑、拘役或者管制，并处罚金。

——2017 年最高人民法院《关于常见犯罪的量刑指导意见（二）（试行）》（法〔2017〕74 号）

（七）容留他人吸毒罪

1. 构成容留他人吸毒罪的，可以在一年以下有期徒刑、拘役幅度内确定量刑起点。

2. 在量刑起点的基础上，可以根据容留他人吸毒的人数、次数等其他影响犯罪构成的犯罪事实增加刑罚量，确定基准刑。

同辈群体影响大，正确交往是关键①

马克思说过："一个人的发展取决于和他直接或间接进行交往的其他一切人的发展。"② 同龄人相互交往在未成年人社会化过程中起着十分重要的作用。少数未成年人之所以走上违法犯罪的道路，并恶性发展，与其未成年同龄群体的不良交往息息相关。

不良交往往往是未成年人走上团伙犯罪道路的起点。一些被家庭和学校排斥或抛弃的不良青少年，在不良文化的吸引和迷惑下聚集在一起，通过不健康的交谈、游荡、娱乐等方式，形成不良交往的亚文化群体。他们相互观察、模仿，使得原有的错误社会意识、不良的个性品质和行为习惯得到强化，然后经过犯罪学习，违法尝试，加速下滑，沦为犯罪团伙。未成年人犯罪团伙，以其独特的行为方式如隐蔽、暴力等与社会对抗，社会危害性极大。

未成年人需要有意识地选择自己的交际圈，多与积极向上的人交往，远离不健康的交际圈。一旦发现朋友们进行了极端行为，未成年人要自觉远离，必要时主动报警，挽救在违法犯罪边缘游走的同伴。

---

① 参见《未成人犯罪的原因有哪些?》，载找法网，http://china.findlaw.cn/bianhu/fanzuileixing/snfz/1057756.html，2020年4月23日访问。

② 《马克思恩格斯全集》第3卷，人民出版社1960年版，第515页。

知情不报与谎报都不对

15岁的小马初中毕业后就外出打工了，在一个小旅馆里干些杂活。在那里，他认识了军哥。军哥在小马初来乍到手忙脚乱时给了他许多帮助，他也就死心塌地跟着军哥“混”。日子久了，他发现军哥有些不对劲，例如军哥常常在没人的地方吸食一些白色粉末，偶尔打电话时会跟对面的人说“送货”“老地方见”。他怀疑军哥吸毒并且可能在贩毒，但思前想后，觉得这不影响军哥对他的“好”，他不能这么“没良心”“不讲义气”。

一天，军哥慌张地找到他，说最近风声紧，查得严，他手头上有一些东西不好处理，而小马不曾有什么违法犯罪记录，比较安全。他便请求小马能帮他将这批物品保管一段时间，等这段时间过了他再来拿。小马虽然感觉到不妙，但想到军哥平日的帮助，出于“哥们义气”还是决定帮助军哥。胆战心惊几日后，警察突然到访，并向他询问了关于军哥的一些情况，尤其是某天晚上军哥的去向。小马其实并不知道军哥在那天到底去哪儿了，但小马想到警察这么问了，肯定是军哥贩卖毒品的事情被发现，又出于“哥们义气”，向警察作证陈述那个时间段军哥和他一起在住处喝酒。

之后又过了几天，警察对社区出租屋进行例行检查，从小马的衣柜内缴获浅灰色粉末5包（经检验，检出MDMA和氯胺酮成分，共净重174.38克）、白色药片2包（经检验，检出MDMA成分，共净重12.17克）、橙色药片12片，于是将小马抓捕归案，指控其构成包庇毒品犯罪分子罪和窝藏毒品罪，并判处有期徒刑二年六个月。①

包庇毒品犯罪分子罪是指明知是走私、贩卖、运输、制造毒品的犯罪分子而向司法机关作假证明掩盖其罪行，或者帮助其湮灭罪证，使其逃避法律制裁的行为。包庇的对象必须是走私、贩卖、运输、制造毒品的犯罪分子，包庇其他毒品犯罪分子的，不构成本罪。案例中小马明知军哥贩卖毒品，在公安人员向其询问某天晚上军哥的去向时，作假证明“那个时间段军哥和他一起在住处喝酒”，以帮助军哥逃避法律追究，是典型的包庇行为。军哥符合本罪的对象要求，其身份为贩卖毒品的犯罪分子，因此小马构成包庇毒品犯罪分子罪。

窝藏、转移、隐瞒毒品、毒赃罪，是指为犯罪分子窝藏、转移、隐瞒毒品或者实施毒品犯罪所得财物的行为。“窝藏”是指将毒品、毒赃隐藏在自己住所或者其他隐蔽场所，以逃避司法机关追查的行为。如本案中小马将军哥的毒品藏在自己的出租屋里。“转移”是指将犯罪分子的毒品、毒赃从此处挪至彼处。例如，小明在警察搜查小王的出租屋时悄悄将毒品拿出，藏到屋外垃圾桶的行为。“隐瞒”是指明知是犯罪分子的毒品、毒赃而掩盖的行为。简单地说，就是采取各种伪装措施，使他人认为物品不是毒品。这种

① 改编自H省未成年管教所真实案例。

情形不包括知情不举的消极不作为。例如，在警察搜出毒品时，小明明知是小王的毒品但一言不发的行为。“隐瞒”仅指转移司法人员视线，避免毒品、毒赃暴露，有意阻挠司法工作人员查获毒品、毒赃的积极作为。例如在本案中，小马知道军哥在实施贩毒行为，但不向司法机关举报的行为不构成违法犯罪，因为小马作为普通公民，不具有查处犯罪，追究刑事责任的职责。举报是公民的权利而非义务，放弃权利通常不会产生不利后果。但小马为了帮助军哥逃避司法机关查处而帮助其藏匿毒品，就属于窝藏行为，需要承担刑事责任。本罪中的毒品、毒赃，仅指走私、贩卖、运输、制造毒品犯罪分子的毒品和其犯罪所得财物。

本案中，小马不构成贩卖毒品罪的共同犯罪，这关键在于小马与军哥并没有事先的联络，也就是两人之间不存在共同的犯罪故意。军哥让小马帮忙保管毒品是由于社会环境发生变化，是犯罪实施完毕后的行为。

本案中小马之所以犯罪，原因主要在于两方面。

第一，小马的是非意识淡薄，法律知识欠缺。小马意识到军哥的行为不好，这是社会和从小接受的教育给予他的认知。但是，小马本身对此行为的认识程度不高，排斥感不强烈，对该行为的利弊也不清晰，所以最终他可以接受军哥的这些行为。他对法律知识了解不够，所以不知道自己的行为可能导致的后果，造成他做决定时过于轻率。

第二，不合时宜的“哥们义气”。小马认为军哥给了他很多帮助，因此在军哥需要他帮忙时，哪怕有不妥，但出于“哥们义气”，他还是义不容辞接受了请求。但实际上，这种行为并不是真的“哥们义气”，“义气”应当是通过互帮互助创造美好生活，是为能成为更好的自己发挥作用的，而不是用于助纣为虐。不合时宜的“哥们义气”只会将所有人拖入深渊。

法律小课堂

——《中华人民共和国刑法》

第三百四十九条　【包庇毒品犯罪分子罪】【窝藏、转移、隐瞒毒品、毒赃罪】包庇走私、贩卖、运输、制造毒品的犯罪分子的，为犯罪分子窝藏、转移、隐瞒毒品或者犯罪所得的财物的，处三年以下有期徒刑、拘役或者管制；情节严重的，处三年以上十年以下有期徒刑。

缉毒人员或者其他国家机关工作人员掩护、包庇走私、贩卖、运输、制造毒品的犯罪分子的，依照前款的规定从重处罚。

犯前两款罪，事先通谋的，以走私、贩卖、运输、制造毒品罪的共犯论处。

——2012年最高人民检察院、公安部《关于公安机关管辖的刑事案件立案追诉标准的规定（三）》（公通字〔2012〕26号）

第三条　包庇走私、贩卖、运输、制造毒品的犯罪分子，涉嫌下列情形之一的，应予立案追诉：

（一）作虚假证明，帮助掩盖罪行的；

（二）帮助隐藏、转移或者毁灭证据的；

（三）帮助取得虚假身份或者身份证件的；

（四）以其他方式包庇犯罪分子的。

实施前款规定的行为，事先通谋的，以走私、贩卖、运输、制造毒品罪的共犯立案追诉。

第四条　为走私、贩卖、运输、制造毒品的犯罪分子窝藏、转移、隐瞒毒品或者犯罪所得的财物的，应予立案追诉。

实施前款规定的行为，事先通谋的，以走私、贩卖、运输、制造毒品罪的共犯立案追诉。

——2016年最高人民法院《关于审理毒品犯罪案件适用法律若干问题的解释》(法释〔2016〕8号)

第六条　包庇走私、贩卖、运输、制造毒品的犯罪分子，具有下列情形之一的，应当认定为刑法第三百四十九条第一款规定的“情节严重”：

（一）被包庇的犯罪分子依法应当判处十五年有期徒刑以上刑罚的；

（二）包庇多名或者多次包庇走私、贩卖、运输、制造毒品的犯罪分子的；

（三）严重妨害司法机关对被包庇的犯罪分子实施的毒品犯罪进行追究的；

（四）其他情节严重的情形。

为走私、贩卖、运输、制造毒品的犯罪分子窝藏、转移、隐瞒毒品或者毒品犯罪所得的财物，具有下列情形之一的，应当认定为刑法第三百四十九条第一款规定的“情节严重”：

（一）为犯罪分子窝藏、转移、隐瞒毒品达到刑法第三百四十七条第二款第一项或者本解释第一条第一款规定的“数量大”标准的；

（二）为犯罪分子窝藏、转移、隐瞒毒品犯罪所得的财物价值达到五万元以上的；

（三）为多人或者多次为他人窝藏、转移、隐瞒毒品或者毒品犯罪所得的财物的；

（四）严重妨害司法机关对该犯罪分子实施的毒品犯罪进行

追究的；

（五）其他情节严重的情形。

包庇走私、贩卖、运输、制造毒品的近亲属，或者为其窝藏、转移、隐瞒毒品或者毒品犯罪所得的财物，不具有本条前两款规定的“情节严重”情形，归案后认罪、悔罪、积极退赃，且系初犯、偶犯，犯罪情节轻微不需要判处刑罚的，可以免予刑事处罚。

别让受害变加害

易某自小不爱学习，初中开始就泡酒吧，尤其是不正规的小酒吧，因为这些场所查得不严，并不限制未成年人进入。某次，易某不慎在酒吧中接触了毒品（摇头丸）。刚开始他不知道摇头丸是毒品，也没什么感觉，后来知道了觉得毒品也不过如此，又碰了第二次，结果就戒不掉了。易某的家庭条件一般，父母每月给他提供一千元左右的生活费，这些钱用来生活、泡吧足够。但在染上毒瘾的情况下，就显得捉襟见肘。易某不敢让家里人知道他染上毒瘾了，只能自己想办法。

这时在酒吧卖给易某摇头丸的人称，只要他介绍人来他这儿购买摇头丸，他就免费送易某十分之一交易额的毒品。尝过一次毒瘾发作的痛苦后，易某起了歪心思。但是易某作为一个新手，并不认识多少吸毒的人。他开始在自己泡吧的小圈子里鼓吹吸毒后有多么舒服，然后在一次聚会上怂恿了一些人尝试。对于那些没有受到蛊惑的人，他便故意嘲讽说：“我们都试过了，完全没事，多舒服啊，你还不敢试，胆子太小了吧，以后别和我们一起玩了，都不是一个圈子的人了。”

在他的鼓动下，又有几个人加入了吸毒的队伍。对于剩下两个怎么都不肯试的朋友，易某让伙伴按住他们的双手，自己用吸管将毒品吹入他们的鼻子。聚会的几天之后，被强迫吸毒的未成年人家长发现了异样，随之报警，公安人员将易某逮捕归案。最终法院以教唆他人吸毒罪、强迫他人吸毒罪判处易某有期徒刑四年六个月，并处罚金 5000 元。①

引诱、教唆、欺骗他人吸毒罪，是指违反国家规定，以引诱、教唆、欺骗的手段，致使他人吸食、注射毒品的行为。

“引诱”是指以金钱、物质及其他方法进行勾引、诱使，拉拢他人吸食、注射毒品的行为。例如甲对乙说，只要乙吸食毒品一次，就给他 200 元钱的行为。

“教唆”是指以劝说、授意、请求、怂恿等方法唆使他人吸食、注射毒品的行为。例如，本案中易某向朋友们鼓吹毒品的好处，并怂恿他们吸食。

“欺骗”是指以虚构事实、隐瞒真相和制造假象的方式，蒙蔽或欺骗他人使其在不知是毒品的情况下吸食、注射毒品的行为。例如甲给乙一支烟，实际上烟里有毒品。

引诱、教唆、欺骗他人吸毒罪是选择性罪名，只要实施了三种行为之一即可成立犯罪。此外，如果行为人利用信息网络贩卖毒品、在境内非法买卖用于制造毒品的原料或者配剂、传授制造毒品等犯罪的方法，可能同时构成贩卖毒品罪、非法买卖制毒物品罪、传授犯罪方法罪等犯罪。如果行为人开设网站、利用网络聊天室等信息网络平台组织他人共同吸毒，也可能构成引诱、教唆、欺骗他

---

① 改编自 H 省未成年犯管教所真实案例。

人吸毒罪等犯罪。

强迫他人吸毒罪是指违背他人意志，使用暴力、胁迫或者其他强制手段，迫使他人吸食、注射毒品的行为。“违背他人意志”是指违反他人不愿意吸食、注射毒品的意志。“暴力”是指以殴打、捆绑、伤害、禁闭等人身强制方式，致使被害人不能反抗和不敢反抗的行为。“胁迫”是指以立即实施暴力威胁或者其他多项对他人施以精神上的强制，迫使其吸食、注射毒品。需要注意的是，如果被害人是不能辨别、控制自己行为的人，即14岁以下未成年人和精神病人，无论采用引诱、教唆、欺骗等何种方式，都构成强迫他人吸毒罪。

本案中，易某本是毒品犯罪的受害人，他接触毒品是被引诱、欺骗的。然而随着自身毒瘾的加深，他为了自己的利益，又转变成加害人。在聚会上，易某明知是毒品而怂恿他人吸食，是典型的教唆他人吸毒行为，构成教唆他人吸毒罪。此外，易某更是以暴力方法，违背他人不愿吸食毒品的意志，在他人不能反抗的情形下，迫使他人吸食毒品，构成强迫他人吸毒罪。易某的犯罪行为显示了他对毒品的一知半解。如果他对毒品有较为深入的了解，就不会轻易再三尝试。这还显示了他对不良群体的防备心薄弱，如果他具有较强的防备心，便不会在鱼龙混杂的酒吧里接受陌生人赠与的食物。也显示了易某对法律毫无敬畏之心，无论他是否知道《刑法》有关毒品犯罪的规定，至少他应当知道吸毒是违法的，使用暴力强迫他人吸毒更是会承担法律责任的。同时，必须为本案中及时发现未成年人异常情况的家长“点赞”，正是他们及时察觉子女情况，并果断报警，才使得易某归案，也避免了更多人被害。

法律小课堂

——《中华人民共和国刑法》

第三百五十三条　【引诱、教唆、欺骗他人吸毒罪】引诱、教唆、欺骗他人吸食、注射毒品的，处三年以下有期徒刑、拘役或者管制，并处罚金；情节严重的，处三年以上七年以下有期徒刑，并处罚金。

【强迫他人吸毒罪】强迫他人吸食、注射毒品的，处三年以上十年以下有期徒刑，并处罚金。

引诱、教唆、欺骗或者强迫未成年人吸食、注射毒品的，从重处罚。

——2016年最高人民法院《关于审理毒品犯罪案件适用法律若干问题的解释》（法释〔2016〕8号）

第十一条　引诱、教唆、欺骗他人吸食、注射毒品，具有下列情形之一的，应当认定为刑法第三百五十三条第一款规定的“情节严重”：

（一）引诱、教唆、欺骗多人或者多次引诱、教唆、欺骗他人吸食、注射毒品的；

（二）对他人身体健康造成严重危害的；

（三）导致他人实施故意杀人、故意伤害、交通肇事等犯罪行为的；

（四）国家工作人员引诱、教唆、欺骗他人吸食、注射毒品的；

（五）其他情节严重的情形。

调整文化失控，促进未成年人理性回归

文化市场的失控和不良文化的泛滥，致使各种充斥着暴力、色情淫秽内容的音像制品及网络游戏等对未成年人产生着不可忽视的腐蚀作用。美国学者班杜拉（Bandura）认为："电影、电视常常生动地描绘暴力的画面，并且剧中的暴力被说成一种可以接受的行为，它甚至反映了一种英雄气概，那些娴于暴力的英雄从未因此而受到法律或社会的制裁。由此，人们将自觉或不自觉地接受暴力的价值观和行为规范，用于处理日常事务或人际关系。"

未成年人正处于求知和学习的人生阶段，其主要行为习得方式就是模仿。他们模仿不健康的行为，久而久之，积恶习成恶性，终获违法犯罪恶果。如果模仿暴力行为，性格上逐渐形成极强的攻击性，容易冲动、残忍、好斗，把暴力作为解决问题的最终方式，从而导致暴力犯罪。如果模仿色情淫秽内容，以不恰当方式满足心理、生理的需要，容易引发性犯罪。如果模仿犯罪动机、犯罪手段，学习反侦查、反审讯的伎俩，容易促使因心怀侥幸心理而走上犯罪道路。

沉溺于网络是诱发未成年人违法犯罪的一个重要原因。有上网经历的未成年人犯罪人数占到未成年人犯罪人数2/3。由于网络中虚拟的事物不受法律和道

德的规范，网络游戏、网络聊天过程中未成年人的心理随意性被无限放大，上网便成为很多处于心理闭锁期的未成年人缓解内心紧张、释放内心积郁的理想选择。一些未成年人长期痴迷于网络，没有经济来源，为了支付高昂的上网费用，不惜以身试法，实施抢劫、盗窃等财产性犯罪。

吸毒诱发未成年人次生违法犯罪篇

吸食毒品小则戕害身心毁灭家庭，大则扰乱治安危害社会。近年来，由毒品诱发的未成年人次生违法犯罪现象日趋严重，并且持续威胁着公共安全及社会稳定。其中，毒品的致幻性、成瘾性和非廉价性是诱发这一问题的根本原因。

一方面，毒品具有致幻性。毒品作为精神麻醉药品，有毒性作用，能对吸食者的中枢神经系统、大脑和脊髓产生恶性刺激，造成自我控制能力降低、神志不清、产生幻觉。此种状态下未成年人进行故意伤害、故意杀人、强奸、“毒驾”（吸食毒品后驾驶机动车）、以危险方法危害公共安全等次生违法犯罪的可能性增加。另一方面，毒品具有成瘾性和非廉价性。毒品具有成瘾性，难以轻易戒除，而大部分未成年人又缺乏独立的生活来源，所以在毒资极度匮乏的情况下，未成年人极易通过不正当渠道取获取毒资。比如贩卖毒品、盗窃、抢劫、敲诈勒索、非法性交易等。

吸毒致幻不是脱责借口

我国《刑法》第18条规定："醉酒的人犯罪，应当负刑事责任。"由此可见，生理性醉酒并非免除刑事责任的事由，因为醉酒人仍然具备辨认或者控制自己行为的能力，即仍然能认知自身行为，控制本人是否进行违法犯罪行为。这种情况下，醉酒人若实施违法犯罪行为，应该承担刑事责任。同理，长期吸食毒品，将会致使吸食者表现出兴奋、狂躁、幻视幻听等症状，甚至出现精神分裂，其辨认力和行为控制力会相应减弱。此时若吸毒者实施违法犯罪行为，侵害他人财产和人身权利，比如盗窃、伤害他人，仍需承担刑事责任。

【案例一】被告人刘某（15岁）与被害人张某长期存在矛盾，刘某一直蓄谋杀害张某。不过刘某生性怯弱，无法鼓起实施杀人行为的勇气。刘某为了壮胆，于2017年某月某日通过朋友购买了3克冰毒，并在自家吸食，使自己陷入心神恍惚、极度兴奋的状态。随后，刘某前往张某住处，按照计划将张某杀害。法院最终认定刘某犯故意杀人罪，判处有期徒刑十年。

【案例二】2015 年某日晚，16 岁的周某与一群社会闲散青年喝完酒后，在湖州市一家宾馆入住。在同伴陈某（另案处理）的劝说和诱惑下吸食了 1 颗麻果。后来，听到房门外传来争吵声，第一次吸食毒品的周某在毒品的刺激作用下，变得狂躁不安，突然拿着随身携带的尖刀冲出房间，将素昧平生的被害人贺某刺成重伤。周某随即被警方控制，于次日清晨恢复意识，并深刻悔悟，法院最终认定周某犯过失致人重伤罪，判处有期徒刑三年。

【案例三】2016 年某日，申某（另案处理）为了避免家中毒品被父母发现，将毒品药丸藏带到独自居住的朋友何某（17 岁）家中，并告知何某将药丸随便藏在某个药瓶中。当日夜里，何某头痛发作，误把装在头疼药瓶中的毒品当止疼药吃了。何某当时虽察觉味道异样，怀疑是藏起来的毒品，但是并未仔细检查。吞下毒品后何某产生幻觉，于是出门飙车，最终造成交通事故致一死两伤。法院最终认定何某犯交通肇事罪，判处有期徒刑二年，缓期一年执行。①

根据我国《刑法》规定，不具备刑事责任能力者即使实施了危害社会的行为，也不能成为犯罪主体，不负刑事责任。刑事责任能力减弱者，其刑事责任相应地适当减轻，因此被告人是否系在能辨认和控制自己行为的时候造成危害结果的，将影响被告人是否承担刑事责任以及刑事责任的具体程度。上述三个案件中，有一个共同点，被告均提出“是在毒品控制下实施的违法犯罪行为，当时自己已经丧志意志”。这种情况下，究竟如何认定呢？

判定吸毒致幻型犯罪的刑事责任，首先得判断行为人是故意还是过失自陷精神障碍。典型的故意型行为是将吸毒致幻作为犯罪

① 改编自 H 省未成年犯管教所真实案例。

“工具”。这种情形最为常见，即行为人故意使本人陷入心神丧失或者心神受损的精神障碍状态，并且在着手使本人陷入精神障碍状态时可以预见到自己将会按照计划实施犯罪。案例一中，刘某对张某心怀杀意，为实施这一邪恶的想法，刘某在明知自己吸毒将产生幻觉，能“壮胆”的情况下，故意吸食毒品让自己陷入精神障碍（极度亢奋）状态，并借此状态杀害被害人张某。从本质上分析，刘某主观上具有故意杀人的故意，客观上实施了杀人行为，吸食毒品后的致幻仅仅是作为犯罪“工具”。对于此种模式的吸毒致幻犯罪，按照行为人实施的故意行为性质认定罪名，即按照刘某实施的故意杀人行为判定。

故意型吸毒致幻行为，还存在一种情形，即行为人对于吸毒致幻行为本身所持的态度至少是放任，即预见到可能产生危害的结果，但是放任危害结果的发生。此种情况下，行为人针对伤害行为造成的最终危害结果的主观恶性要小于上述典型的故意吸毒致幻行为，属于间接故意。一般来说，第一次吸食毒品的人只会吸食少量的毒品，吸毒后产生幻觉的吸毒者主要是有长期吸毒史的，他们通常十分清楚自己吸毒过后容易产生精神失常等症状。同时，吸毒会使人精神失常被推定为每个正常人都应当了解的常识。当然，证明行为人在实施吸毒行为时就可以预见自己吸毒陷入幻觉状态后将实施特定的故意犯罪，在现实社会中十分困难。司法实务中一般遵循“主客观相统一原则”处置此类案件，通常将行为认定为过失犯罪。“主客观相统一原则”要求认定行为人的行为构成犯罪时，行为人对自己的行为、希望或放任行为造成的危害结果的主观认识与客观上发生的危害行为、危害结果是一致的。结合案例二的情形，周某受他人诱惑吸食毒品，虽然周某年系未成年人，但是应当知晓毒品具有致幻和成瘾作用，仍是出于放任的心理态度吸食了毒品，此种情况下实施故意伤害被害人贺某的行为。在本案中，并不能证明周某具有故意伤害贺某的故意，若将犯罪行为评价为故意伤害罪有失公平，因此最终认定为过失致人重伤。

现实中，还存在过失吸毒使自己产生幻觉的情形。过失指行为人应当预见自己的行为可能产生危害社会的结果，但是由于疏忽大意或者过于自信而没有预见到。案例三，申某为了避免家中所藏毒品被发现，于是将毒品药丸藏在朋友何某头痛药瓶中，何某误把毒品当止疼药吃了。何某当时已经觉察些许异样，却并未进行检查，因疏忽大意而未预见到药瓶中应该是毒品药丸，导致吸毒后致幻，飙车引发交通事故。对于过失地使自己陷入精神障碍状态后实施犯罪的行为，若前后的过失行为可以合并评价与判断，可以认定为过失犯罪，只是在量刑时对何某过失使自己陷入精神障碍这一情节予以考虑，酌情减轻处罚。因此案例三中，法院对何某适用缓期执行。

综上所述，对吸毒致幻催生的犯罪案件行为定性和处罚中，考虑刑事责任能力的核心在于行为人是否对醉酒或吸食毒品行为具有故意或者过失。如果，行为人因为不能抗拒或者不能预见的缘由，比如被他人强迫吸食毒品，这种情况下并不是行为人故意或者过失吸食毒品并陷入精神异常状态，根本没有实施犯罪的意图，也没有防止危险发生的可能性，则不能追究行为人的刑事责任。

区分行为人故意、过失或者不可抗力的情形，应综合判断。需要结合客观依据，这必须仔细考察行为人的吸毒史、此前是否有过吸毒后实施暴力的行为、被害人与行为人之间是否有特定关系、行为人触犯的罪名、行为人一贯的表现等情况，最后作出整体判断。

法律小课堂

（一）故意犯罪

——《中华人民共和国刑法》

第十四条　【故意犯罪】明知自己的行为会发生危害社会的结果，并且希望或者放任这种结果发生，因而构成犯罪的，是故意犯罪。故意犯罪，应当负刑事责任。

（二）过失犯罪

——《中华人民共和国刑法》

第十五条　【过失犯罪】应当预见自己的行为可能发生危害社会的结果，因为疏忽大意而没有预见，或者已经预见而轻信能够避免，以致发生这种结果的，是过失犯罪。过失犯罪，法律有规定的才负刑事责任。

（三）不可抗力和意外事件

——《中华人民共和国刑法》

第十六条　【不可抗力和意外事件】行为在客观上虽然造成了损害结果，但是不是出于故意或者过失，而是由于不能抗拒或者不能预见的原因所引起的，不是犯罪。

（四）醉酒人刑事责任

——《中华人民共和国刑法》

第十八条　【醉酒人刑事责任】醉酒的人犯罪，应当负刑事责任。

吸毒易冲动，担责有区别

小何（15岁）、小何弟弟（13岁）、小王（15岁）和小周（17岁）是同村的孤儿，共同进城务工在一家理发店（已作出行政处罚）做洗发小工。2017年某日，四人在合租的出租屋内赌博时，小王怀疑小何作弊，辱骂小何，二人因此产生了争执。当晚，小何、小何弟弟和小周在外吃饭后，在回家的巷子内吸食了K粉，在毒品刺激之下小何对当天赌博之事愤愤不平，于是三人商量好共同“教训”小王。回到出租屋内之后，三人一起用事先准备的塑料管攻击小王，三人在毒品作用下，丧志理智并不断踢打小王背部和腹部，由于攻击力量过猛，造成小王内脏破损，不治身亡。案发后第二天，三人前往当地派出所自首，如实供述了犯罪经过。

法院经审理认为，小何、小周、小何弟弟系共犯，三人吸食毒品后对小王实施暴力伤害行为，构成故意伤害罪。同时伤害行为导致小王死亡，依法应承担故意伤害致人死亡的刑事责任。小何、小周犯罪后主动自首，可以从轻或者减轻处罚，三人均系未成年人，应当从轻或者减轻处罚。最终法院判决，小何弟弟犯故意伤害罪，判处有期徒刑五年；小何犯故意伤害罪，判处有期徒刑七年；小周犯故意伤害罪，判处有期徒刑七年。①

未成年人自我控制力弱，社会认知不成熟，一旦吸食毒品，极易激发负面情绪。同时，同辈群体鼓动效应作用大，获得畸形的心理认同和支持后，未成年人常常为了“面子”进行所谓的“打抱不平”“义气”行为，最终触犯法律，酿成恶果。本案中，三人吸食毒品后，出现亢奋状态，为了“挽回面子”，“教训”小王，最终造成好友小王不治身亡的危害结果。三人虽然悔不当初，积极自首，但是必须承担犯罪行为的法律责任。

一、 定罪： 故意伤害罪与故意杀人罪的区分

首先，分析本案定罪层面。小何、小何弟弟、小周三位被告人在吸食 K 粉后，变得激动易怒，出于伤害的故意，对小王实施了暴力伤害行为，最终造成了被害人小王死亡的结果。那么本案中三个被告人是触犯故意杀人罪还是故意伤害罪呢？这需要结合主观和客观两方面分析。

第一，分析犯罪的主观方面，即根据两种罪名侵犯的权利和行为构成。故意伤害罪侵犯他人身体健康权利，其行为主观方面是行为人明知其故意伤害行为必然或者可能对他人造成伤害的结果，并且希望或者放任这种危害结果的发生。若造成他人死亡，死亡结果

① 改编自《南通三名未成年人持刀伤人，牵出赌场、吸毒窝案》，载长沙社区通新闻栏目：http：//www. cssqt. com/xw/gn/fz/167915. shtml，2019 年 5 月 26 日访问。

也不属于行为人希望或者放任的内容，即死亡结果不是行为的直接目的。而故意杀人罪是侵犯他人生命权利的犯罪，行为人对其行为必然或可能造成他人死亡是明知的，而且希望或放任这种结果的发生，即死亡结果是其直接目的。

本案中当事人因为吸毒后，经合意决定通过伤害行为“教训”小王，最终出于泄愤对被害人小王进行施暴，但并不是出于杀人的故意对小王实施伤害行为。尽管在毒品作用下，三个被告人的行为超出原始预期，造成死亡结果，但是这并非三人行为的直接目的，因此本案中即使出现死亡结果，也不影响本案在主观方面认定为故意伤害。

第二，通过对案件相关事实加以分析、判断。具体需要注意以下方面。

（1）侵害行为的起因。这是查明行为人故意内容的重要依据。行为人是发泄不满，还是蓄意报复，是琐事引起还是深仇大恨，都可以作为判断是杀人故意还是伤害故意的因素。本案中，三个被告人因吸食 K 粉后，情绪激动，为泄一时之愤，相约给被害人“教训”。因此案件中三人受毒品刺激而进行的“报复”行为，仅是出于故意伤害的故意，未产生杀人的故意。

（2）被告人和被害人的关系。如果被害人和被告人平时关系相处较好，案发当天也未发生矛盾，只是饮酒、吸毒过量后，情绪激动发生争执，虽然造成了死亡结果，但通常也不能认定行为人具有杀死被害人的故意。本案中，三个被告人与被害人关系交好，三人因为日常棋牌中的作弊行为迁怒被害人，并不能直接否定四人的亲密关系。

（3）犯罪工具。分析犯罪故意的判断仅考察工具是不对的，但是通过考察行为人使用何种犯罪工具，能反映出行为人对其行为所产生的后果心理态度。这是推断行为人主观意志的一个前提条件。本案中，三个被告人事先准备了塑胶管，其所具备的伤害力相较钢管、刀具等轻，因此犯罪工具从侧面体现了三人并无杀害小王的故意。

（4）攻击部位。通常认为，人的头部、胸部是致命部位，对这些部位的侵害，比对其他部位的伤害更容易直接引起被害人的死亡，从而也能从一个侧面反映出行为人的犯罪心态。本案中，三个被告人并未直接攻击小王头部或胸部，而是选择背腹处进行踢打，一定程度上反映了三人的行为是出于伤害目的。

二、量刑：不同年龄阶段的区分

结合《刑法》关于刑事责任年龄的规定，12周岁以下的未成年人属于完全不负刑事责任的年龄；已满12周岁不满14周岁的，属于附条件负刑事责任年龄阶段；已满14周岁不满16周岁属于相对负刑事责任年龄阶段；已满16周岁属于完全负刑事责任年龄阶段。本案中，三个被告人处于不同的年龄阶段，所负刑事责任也存在区别（详见表1）。

表1　**未成年人刑事责任年龄阶段分布**

年龄区间	法律规定	本案归责
已满12周岁不满14周岁	附条件负刑事责任年龄阶段。犯故意杀人、故意伤害罪，致人死亡或者以特别残忍手段致人重伤造成严重残疾，情节恶劣，给最高人民检察院核准追诉的，应当负刑事责任	小何弟弟（13岁）故意伤害致人死亡
已满14周岁不满16周岁	相对负刑事责任年龄阶段。只有实施了故意杀人、故意伤害致人重伤或者死亡、强奸、抢劫、贩卖毒品、放火、爆炸、投放危险物质犯罪行为的才负刑事责任	小何（15岁）故意伤害致人死亡

续表

年龄区间	法律规定	本案归责
已满 16 周岁	完全负刑事责任年龄阶段。行为人对任何犯罪行为都应当负刑事责任	小周（17 岁） 故意伤害致人死亡

《刑法》对于未成年人量刑存在特殊规定。据上述分析，三个未成年被告人均触犯故意伤害罪。但其具体量刑结果，还需要根据罪前、罪中和罪后的多种量刑情节综合考量。

第一，量刑的幅度需要考量故意伤害造成的危害结果具体程度。故意伤害罪的量刑轻重主要看伤害的严重程度，法律上分为轻伤、重伤和死亡三种结果。根据我国《刑法》规定，故意伤害他人身体的，处 3 年以下有期徒刑，拘役或者管制。犯前款罪，致人重伤的，处 3 年以上 10 年以下有期徒刑；致人死亡或者以特别残忍手段致人重伤造成严重残疾的，处 10 年以上有期徒刑、无期徒刑或者死刑。

第二，对未成年人的量刑，坚持对未成年人“教育为主、惩罚为辅”的原则和“教育、感化、挽救”的方针，体现刑法的人道主义精神。《刑法》有特殊的规定，对于未成年人犯罪应当从轻或者减轻处罚。所以，对于本案的小何弟弟、小何、小周，都在故意伤害致人死亡的法定刑范围内予以从轻或者减轻处罚。

第三，罪后态度对量刑也有影响。行为人犯罪后对自己行为的认识与态度，属于行为人人身专属特性的一部分，能反映人身危险性的大小，一般包括犯罪后是否对被害人进行及时救助，是否存在自首、立功、坦白、悔罪情节，是否认罪认罚，是否对被害方进行赔偿等。① 其中，犯罪分子犯罪以后自动投案，如实供述自己的罪行的，构成自首，依法可以从轻或减轻处罚；其中，犯罪较轻的可以免除处罚。

刑罚的具体运用中，从轻处罚和减轻处罚具有较大的区别。《刑法》规定的从轻处罚，是指应当在法定刑的限度以内判处刑罚。比如依据当事人触犯的罪名应当判处 3 年以上 10 年以下有期徒刑，但是具备从轻处罚情节的，法官将在 3 年至 10 年这一区间内，选择较轻的刑罚，最低刑期不得少于 3 年。而减轻处罚是指犯罪分子具有本法规定的减轻处罚情节的，应当在法定刑以下判处刑罚。本法规定有数个量刑幅度的，应当在法定量刑幅度的下一个量刑幅度内判处刑罚。比如当事人触犯的罪名应当判处 3 年以上 10 年以下有期徒刑，若具备减轻处罚情节，则可以判处 3 年以下有期徒刑、拘役或者管制。结合本案的特殊情况，对于被告人小何弟弟、小何、小周所犯的故意伤害罪，根据其致人死亡的危害结果，应当在 10 年以上有期徒刑、无期徒刑或者死刑的法定刑幅度范围内量刑。法院结合被告人的未成人身份和自首量刑情节，最终对小何弟弟、小何、小周三人减轻处罚，判处判决小何弟弟有期徒刑 5 年，小何、小周有期徒刑 7 年。

法律小课堂

（一）刑事责任年龄

——《中华人民共和国刑法》

第十七条　【刑事责任年龄】已满十六周岁的人犯罪，应

---

① 参见李世清：《人身危险性在量刑中的思考》，载《河北法学》2004 年第 9 期，第 123 页。

当负刑事责任。

已满十四周岁不满十六周岁的人，犯故意杀人、故意伤害致人重伤或者死亡、强奸、抢劫、贩卖毒品、放火、爆炸、投放危险物质罪的，应当负刑事责任。

已满十二周岁不满十四周岁的人，犯故意杀人、故意伤害罪，致人死亡或者以特别残忍手段致人重伤造成严重残疾，情节恶劣，经最高人民检察院核准追诉的，应当负刑事责任。

对依照前三款规定追究刑事责任的不满十八周岁的人，应当从轻或者减轻处罚。

因不满十六周岁不予刑事处罚的，责令其父母或者其他监护人加以管教；在必要的时候，依法进行专门矫治教育。

（二）自首

——《中华人民共和国刑法》

第六十七条 【自首】犯罪以后自动投案，如实供述自己的罪行的，是自首。对于自首的犯罪分子，可以从轻或者减轻处罚。其中，犯罪较轻的，可以免除处罚。被采取强制措施的犯罪嫌疑人、被告人和正在服刑的罪犯，如实供述司法机关还未掌握的本人其他罪行的，以自首论。犯罪嫌疑人虽不具有前两款规定的自首情节，但是如实供述自己罪行的，可以从轻处罚；因其如实供述自己罪行，避免特别严重后果发生的，可以减轻处罚。

（三）故意杀人罪

——《中华人民共和国刑法》

第二百三十二条 【故意杀人罪】故意杀人的，处死刑、无期徒刑或者十年以上有期徒刑；情节较轻的，处三年以上十年以下有期徒刑。

（四）故意伤害罪

——《中华人民共和国刑法》

第二百三十四条　【故意伤害罪】故意伤害他人身体的，处三年以下有期徒刑、拘役或者管制。

犯前款罪，致人重伤的，处三年以上十年以下有期徒刑；致人死亡或者以特别残忍手段致人重伤造成严重残疾的，处十年以上有期徒刑、无期徒刑或者死刑。本法另有规定的，依照规定。

（五）从轻处罚与减轻处罚

——《中华人民共和国刑法》

第六十二条　【从重处罚与从轻处罚】犯罪分子具有本法规定的从重处罚、从轻处罚情节的，应当在法定刑的限度以内判处刑罚。

——《中华人民共和国刑法》

第六十三条　【减轻处罚】犯罪分子具有本法规定的减轻处罚情节的，应当在法定刑以下判处刑罚；本法规定有数个量刑幅度的，应当在法定量刑幅度的下一个量刑幅度内判处刑罚。犯罪分子虽然不具有本法规定的减轻处罚情节，但是根据案件的特殊情况，经最高人民法院核准，也可以在法定刑以下判处刑罚。

农村未成年人的自我塑造

随着进城务工人口的增多，农村留守儿童、贫困孤儿问题日益严重。从善如登，从恶如崩，父母的管教、陪伴缺位，导致部分留守儿童受到社会不良群体影响，逐渐变成问题儿童。他们的思想逐渐发生偏移，不再重视知识，行为日益狂放肆意，缺乏基本文明素质。要解决这些问题，不仅需要政府完善留守儿童、贫困孤儿的相关保障制度，父母担负起教育的责任，而且需要未成年人坚定内心，保持善良和阳光的心态。

第一，寻找正规就业途径。农村未成年人辍学打工，黑心工厂压榨童工事件见报端。不可否认，未成年人因家庭贫困而外出就业现象层出不穷。对于选择就业的未成年人而言，应该擦亮双眼，通过正规渠道寻找就业岗位，不轻信陌生人，抵制利益诱惑，脚踏实地工作，用勤劳的双手创造财富。

第二，拒绝不良嗜好。校园暴力、欺凌事件泛滥，早恋、同居、堕胎等事件也不断在偏僻的农村学校上演。赌博、网游、毒品成为危害农村未成年人的三大“毒瘤”。尽管未成年人的心智尚未成熟，但是已经形成了基本的价值判断，能够辨别相关行为的性质。因此，未成年人应该拒绝不良嗜好，自觉远离毒品，远离网络游戏，远离毒品，培养健康的兴趣爱好。

第三，正确处理情绪波动。“青春期”是未成年人的特殊阶段，好奇、沉默寡言、暴躁、叛逆等都是表征。但“青春期”并不是洪水猛兽，若留守未成年人主动通过网络视频、电话等途径与家人沟通，在他们的帮助下端正心态，遇事冷静，保持理智和清醒的头脑，就能科学应对各种困难。

毒后互殴，正当防卫不是挡箭牌

2016年某日深夜，民警接到报警，称某酒吧内发生斗殴，警方抓捕时发现斗殴者都是未成年人，并在卡座的酒桌上发现白色未知粉末。经查，粉末为毒品K粉。据被告人何某陈述，当天几个朋友相约在酒吧内饮酒，其间有人提议吸食毒品，因喝了酒大家都比较兴奋。于是，大伙儿开始尝试吸食K粉，在K粉的作用下大家开始狂欢和吼叫。其中何某（16岁）和王某（17岁）不小心发生擦碰，为了面子二人互不相让，并且都叫嚣着要给对方点“颜色瞧瞧”。何某先拿起桌上的酒瓶砸向王某，王某随机进行还击。最终王某轻伤，何某重伤。被警方控制后，王某一直声称自己只是正当防卫，被迫无奈之方才进行还击。最终法院判决王某犯故意伤害罪，判处拘役四个月；何某犯故意伤害罪，判处拘役三个月。①

① 改编自H省未成年犯管教所真实案例。

一、 斗殴的结果

未成年人群体喜欢追求刺激和新鲜事物，由于毒品的刺激作用强，非常容易使人情绪激动，从而引发一系列暴力恶性事件，如互殴。很多未成年人不知道的是，相互斗殴不是个人之间的私人恩怨，而是违法甚至犯罪行为。

互殴，亦称为互相斗殴，指双方或多方在主观上均具有不法侵害的故意，客观上均实施了不法侵害对方的行为。《唐律》对互相斗殴也作了专门规定，其《斗讼篇》指出："诸斗两相殴伤者，各随轻重，两论如律。"根据我国法律规定，互相斗殴的双方均构成犯罪，各自承担相应的刑事责任。

一般而言，根据斗殴中造成的危害结果，互殴行为可能构成的罪名及其法律后果可分为以下几种。

第一种，伤害程度为轻伤以下。此种行为一般不认定为犯罪，但可以认定为违法。对此，公安机关可酌情予以训诫、罚款甚至治安拘留 15 日以内。

第二种，不构成轻伤，其他情节恶劣，一般认定为寻衅滋事罪。寻衅滋事罪，是指肆意挑衅，随意殴打、骚扰他人或任意损毁、占用公私财物，或者在公共场所起哄闹事，严重破坏社会秩序的行为。《刑法》规定了五类基本情况：（1）随意殴打他人，情节恶劣的：随意殴打他人造成一人以上轻伤或三人以上轻微伤的。（2）追逐、拦截、辱骂他人，情节恶劣的：追逐、拦截、辱骂他人、致使他人无法正常生活、工作，或者造成他人精神失常、自杀等严重后果的。（3）强拿硬要或者任意损毁、占用公私财物，情节严重的：强拿硬要公私财物价值人民币 1000 元以上、任意损毁公私财物 2000 元以上或者任意占用公私财物 1 万元以上的。（4）在公共场所起哄闹事，造成公共秩序严重混乱的。（5）在两年内实施三次以上寻衅滋事行为的。以上任一寻衅滋事行为，破坏社会秩序的，均可处5年以下有期徒刑、拘役或者管制。

第三种，伤害程度为轻伤及以上，一般认定为故意伤害罪。其中，故意伤害致人死亡或者以特别残忍手段致人重伤造成严重残疾的，处10年以上有期徒刑、无期徒刑或者死刑；致人重伤的，处3年以上10年以下有期徒刑。仅具备故意伤害他人身体的这一情节，可处3年以下有期徒刑、拘役或者管制。

第四种，纠集众人成帮结伙地互相进行殴斗，破坏公共秩序的行为，一般认定为聚众斗殴罪。聚众斗殴罪是指为了报复他人、争霸一方或者其他不正当目的，纠集众人成帮结伙地互相进行殴斗，破坏公共秩序的行为。聚众斗殴罪侵犯的客体是所谓公共秩序，既可以是在公共场所，例如在公园、电影院中，也可以是发生在较僻静的私人场所。根据《刑法》的规定，聚众斗殴的，对首要分子和其他积极参加的，处3年以下有期徒刑、拘役或者管制。对于首要分子和其他积极参加者，若具备：多次聚众斗殴；聚众斗殴人数多，规模大，社会影响恶劣；在公共场所或者交通要道聚众斗殴，造成社会秩序严重混乱；持械聚众斗殴中任一情形，即可处3年以上10年以下有期徒刑。此外，若聚众斗殴，致人重伤、死亡的，甚至可以转化为故意伤害罪、故意杀人罪，适用更重的刑罚。

二、 正当防卫的成立条件

之所以被告人主张正当防卫，是因为根据《刑法》的规定，为了使国家、公共利益、本人或者他人的人身、财产和其他权利免受正在进行的不法侵害，而采取的制止不法侵害的行为，对不法侵害人造成损害的，属于正当防卫，不负刑事责任。它的意义在于保障社会公共利益和其他合法权利免受正在进行的不法侵害，鼓励公民和正在进行的不法侵害做斗争，震慑犯罪分子，使其不敢轻举妄动。正当防卫不仅是免除正当防卫行为刑事责任的法律依据，也是公民与正在进行的不法侵害做斗争的法律武器。正确认识正当防卫，了解正当防卫的构成条件，有利于未成年人大胆地运用正当防卫的法律武器同不法侵害做斗争，同时避免防卫过当。如果正当防卫明显超过必要限度造成重大损害的，应当负刑事责任，但是应当减轻或者免除处罚。

那么，何种情况下可以正当防卫？正当防卫的限度为何？未成年人如何才能在不法行为面前合理维护自身的合法权益？对此，未成年人首先应当准确界定正当防卫的基本构成。

借助 2017 年推动法治进程的十大案件之一——于欢“4・14 辱母杀人案”，可以更加生动地展示正当防卫的基本构成。2016 年 4 月 13 日，吴学占在苏银霞已抵押的房子里，指使手下拉屎，再将苏银霞按进马桶里，要求其还钱。次日，催债队伍又多次骚扰女企业家苏银霞的工厂，辱骂、殴打苏银霞。而警察留下“要账可以，但是不能动手打人”的话后随即离开。被催债人员控制的苏银霞的儿子于欢看到警察要走，情绪崩溃，站起来试图冲到屋外唤回警察，被催债人员拦住。不堪其母受辱，于欢从工厂接待室的桌子上摸到一把水果刀乱捅，致使杜志浩等四名催债人员被捅伤。其中，杜志浩因未及时就医导致失血性休克死亡，另外两人重伤，一人轻伤。2017 年 6 月 23 日，山东省高级人民法院认定于欢属于防卫过当，构成故意伤害罪，判处于欢有期徒刑 5 年。①

1. 起因条件

---

① 参见《山东省高级人民法院〔2017〕鲁刑终 151 号刑事附带民事判决书》。

正当防卫的起因必须是具有客观存在的不法侵害。不法侵害是指行为具有社会危害性和一般违法性即可，并不要求行为达到构成犯罪的程度，比如盗窃、故意伤害、强奸等行为。其中，对于一些特殊的情形，例如对精神病人实施的侵害行为，不满最低刑事责任年龄的未成年人实施的侵害行为，一般认为可以实施正当防卫。不过，不具有紧迫性和攻击性的犯罪，如贪污罪、渎职罪等，一般不适用正当防卫制度。如果因此产生的伤害行为，仍需要承担责任。“于欢案”中，催债人不仅对于欢母子实施了限制人身自由的行为，且随意辱骂、殴打苏银霞，符合非法拘禁罪和故意伤害罪的基本构成，在警察离开后这种威胁持续存在。故于欢母子面临着客观存在的不法侵害，威胁着他们的人身安全。

2. 时间条件

正当防卫的时间限定在不法侵害正在进行过程中。不法侵害正在进行的时候，才能对合法权益造成威胁，因此才可以使防卫行为具有合法性。一般认为，不法侵害的开始时间是不法侵害人开始着手实施侵害行为时，如在故意伤害行为中，加害人正在对当事人实施打击行为时。而当合法权益不再处于紧迫现实的侵害威胁时，视为不法侵害已经结束，正当防卫不能成立。一般表现为，不法侵害人被制服、丧失了侵害能力、主动中止侵害，或者已经逃离现场。“于欢案”中，催债人非法拘禁于欢母子，除非非法拘禁解除，否则加害行为就一直在进行中，同时催债人对于欢的母亲实施侮辱、殴打行为，在警察暂时离开后，仍旧有实施加害行为的挑衅和围逼，因此本案中于欢具备实施正当防卫的时间条件。但是，若催债人已经解除非法拘禁，停止侮辱和殴打行为，并已经准备驱车离开，此时于欢再持刀进行反击，则不符合时间要件，因为不法侵害已经停止。

3. 主观条件

正当防卫的主观要件是要求行为人具有防卫意识。防卫意识包括防卫认识和防卫意志。防卫认识是指防卫人必须认识到不法侵害正在进行，防卫意志是指防卫人出于保护合法权益的动机。这种行为因行为人主观上早已具有犯罪意识，不能成立正当防卫。“于欢案”中，于欢针对催债人的侵害行为进行反击时，认识到了侮辱和非法拘禁行为正在进行，并且具有保护自己和母亲人身安全的意识，因此也符合正当防卫的主观条件。

4. 对象条件

正当防卫的对象要件是只能针对侵害人实行防卫。由于侵害是由侵害人本人造成的，因此只有针对其本身进行防卫，才能保护合法权益。有时，根据具体情况，也可以对侵害人同行的协助其实施侵害行为的人实施防卫。除此之外，不能对于其他不具有侵害危险的人进行防卫。“于欢案”中，于欢可以对实施非法拘禁和侮辱、殴打等侵害人身权利的行为人实施自卫行为。

5. 限度条件

正当防卫的限度要件是没有明显超过必要限度。防卫行为必须在必要合理限度内进行，否则就构成防卫过当。例如，甲欲对乙进行猥亵，乙的同伴丙见状将甲打倒在地，之后又用重物将甲打死，这就明显超过了正当防卫的必要限度，此时行为人应当负刑事责任，但是应当减轻或者免除处罚。换个角度看，防卫过当是指“明显”超过必要限度且造成重大损害的。此外，《刑法》规定，对于正在进行行凶、杀人、抢劫、强奸、绑架以及其他严重危及人身安全的暴力犯罪，采取防卫行为，造成不法侵害人伤亡的，不属于防卫过当，不负刑事责任。例如，甲对乙实施暴力，企图强奸乙，乙如果在防卫过程中导致甲死亡，也仍然属于正当防卫的范围。

评价是否防卫过当，应从不法侵害的性质、手段、紧迫程度和严重程度，防卫的条件、方式、强度和后果等情节综合判定。“于欢案”中，虽然催债一方人数较多，但是其非法侵害的意图是对于欢母亲施加压力以催讨债务，催债过程中未携带、使用任何器械。在办案警察到达案发地并短暂离开时，于欢持刀警告他们不要逼近，催债一方虽然有挑衅和围逼行为，但未实行攻击行为，且当四人被于欢捅刺后，未对于欢实施暴力还击行为，所以，此时于欢母子人身安全未受到严重侵害。因此，于欢面对的不法侵害并不紧迫和严重，而其却持刀连续捅刺四人，造成一人死亡，两人重伤，一人轻伤，其防卫行为明显超过必要限度，依法应该承担故意伤害行为的责任。

本案中，王某提出的正当防卫辩解是否成立呢？是否成立正当防卫在于对互相斗殴性质的认定。尽管互殴中，先动手的一方具有对他方的人身侵害意图，属于侵害行为。后动手的一方具有对他方侵害行为进行反击的意图，表面上看似乎属于正当防卫行为，但实际却无正当防卫之实。其实，互殴中谁先动手谁后动手并不重要，主要是在于行为人客观行为表现出来的主观意图。相互斗殴是双方都有侵害对方身体的意图，因此只要基于事先产生的斗殴意图所实施的反击行为，就不能认定为正当防卫，根据王某轻伤和何某重伤的伤害结果，最终认定二人均构成故意伤害罪。

实践中，由于未成年人年少轻狂，一旦吸食毒品，极容易滋生矛盾，产生防卫挑拨，即“激将法”——为了侵害对方，故意诱使对方对自己先行侵害，然后以正当防卫为由，向对方实施侵害，此种行为并不成立正当防卫，也不能成为暴力行为的“避风港”。由于未成年人自身的保护意识不强，保护能力较弱，其应当掌握正当防卫的基本构成，若遇到现实的不法侵害，结合实际情况，积极实行正当防卫，维护自己、他人、社会和国家的合法权益。

法律小课堂

（一）正当防卫

——《中华人民共和国刑法》

第二十条 【正当防卫】为了使国家、公共利益、本人或者他人的人身、财产和其他权利免受正在进行的不法侵害，而采取的制止不法侵害的行为，对不法侵害人造成损害的，属于正当防卫，不负刑事责任。

正当防卫明显超过必要限度造成重大损害的，应当负刑事责任，但是应当减轻或者免除处罚。

对正在进行行凶、杀人、抢劫、强奸、绑架以及其他严重危及人身安全的暴力犯罪，采取防卫行为，造成不法侵害人伤亡的，不属于防卫过当，不负刑事责任。

（二）故意伤害罪

——《中华人民共和国刑法》

第二百三十四条 【故意伤害罪】故意伤害他人身体的，处三年以下有期徒刑、拘役或者管制。

犯前款罪，致人重伤的，处三年以上十年以下有期徒刑；致人死亡或者以特别残忍手段致人重伤造成严重残疾的，处十年以上有期徒刑、无期徒刑或者死刑。本法另有规定的，依照规定。

（三）聚众斗殴罪

——《中华人民共和国刑法》

第二百九十二条　【聚众斗殴罪】聚众斗殴的，对首要分子和其他积极参加的，处三年以下有期徒刑、拘役或者管制；有下列情形之一的，对首要分子和其他积极参加的，处三年以上十年以下有期徒刑：（一）多次聚众斗殴的；（二）聚众斗殴人数多，规模大，社会影响恶劣的；（三）在公共场所或者交通要道聚众斗殴，造成社会秩序严重混乱的；（四）持械聚众斗殴的。

聚众斗殴，致人重伤、死亡的，依照本法第二百三十四条、第二百三十二条的规定定罪处罚。

（四）寻衅滋事罪

——《中华人民共和国刑法》

第二百九十三条　【寻衅滋事罪】有下列寻衅滋事行为之一，破坏社会秩序的，处五年以下有期徒刑、拘役或者管制：（一）随意殴打他人，情节恶劣的；（二）追逐、拦截、辱骂、恐吓他人，情节恶劣的；（三）强拿硬要或者任意损毁、占用公私财物，情节严重的；（四）在公共场所起哄闹事，造成公共场所秩序严重混乱的。

纠集他人多次实施前款行为，严重破坏社会秩序的，处五年以上十年以下有期徒刑，可以并处罚金。

莫让花朵受“毒害”

2015年某日，未成年人赵某某（16岁）在江苏一家KTV包间内与其前女友刘某某（13岁）商谈分手补偿款的事情。由于双方未达成协议，赵某某便对刘某某意图不轨。其间，赵某某拿出携带的毒品，邀请刘某某一同吸食。出于郁闷情绪，刘某某应邀加入。在毒品的作用下，刘某某逐渐精神恍惚、丧失意识，赵某某趁机将其带至宾馆，并强行与其发生性关系。次日，刘某某向公安机关报警，但赵某某主张其系刘某某自愿行为，自己并非强奸。法院最终判决被告人赵某某犯强奸罪，因赵某某系已满14周岁不满18周岁的未成年人，应当从轻或者减轻处罚，最终判处有期徒刑四年。①

---

① 改编自《江苏宿迁一法院审理一起未成年人强奸案!》，载长沙社区通法制新闻栏目：http：//www. cssqt. com/xw/gn/fz/240356. shtml，2019年6月6日访问。

一、 强奸罪的认定

毒品的破坏性和迷幻性，极易刺激尚处青春期的未成年人；加之未成年人正处于生理发育阶段，吸食毒品后情绪亢奋，极易产生性冲动，在自制力缺乏和神志不清状态下，可能酿成恶果。本案中，赵某某称自己并非强行与刘某某发生性行为，而根据我国《刑法》的规定，赵某某的主张明显是不成立的。

《刑法》规定的强奸罪是指违背妇女意志，使用暴力、胁迫或者其他手段，强行与妇女发生性交或者奸淫幼女的行为。构成此罪包括两个核心要点。

第一，必须是违背了妇女的真实意愿。判断与妇女发生性关系是否违背妇女的意志，要结合性关系发生的时间、周围环境、妇女的性格、体质等各种因素进行综合分析。不能将妇女是否反抗作为判断是否违背妇女意愿的唯一要件。比如，犯罪分子趁被害人因饮酒陷入昏迷而与其发生性关系，也构成强奸罪，不反抗不等于个人自愿，这需要综合分析。

第二，行为人必须是以暴力、胁迫或者其他手段，强行与妇女发生性关系的行为。“暴力”手段，是指犯罪分子直接对被害妇女施以殴打或人身强制等危害妇女人身安全和人身自由，使妇女不能抗拒的手段。“胁迫”手段，是指犯罪分子对被害妇女施以威胁、恫吓，进行精神上的强制，以迫使妇女就范，不敢抗拒的手段。“其他手段”是指犯罪分子使用暴力、胁迫以外的使被害妇女不知抗拒、无法抗拒的手段。本案中，赵某某心怀不轨，自己借助吸食毒品“提精神”，并试图依靠毒品将被害人刘某某麻痹，致使其失去意识、不能抗拒，最终便于施暴，这属于使用“其他手段”。

二、 幼女的特殊性

在本案中，当被害人刘某某吸食毒品后，暂时性失去意识。此种情况下不能推测刘某某同意赵某某的性要求。同时，本案中两人处于分手状态，加之刘某某吸食毒品后精神不能自主，赵某某行为明显违背被害人的意愿。

不过，本案中刘某某年仅 13 周岁，即使其自愿与被告人发生性关系，也成立强奸罪。这涉及奸淫幼女型强奸罪的特殊构成要件——明知对方是不满 14 周岁的幼女而故意与之发生性关系的，成立强奸罪。对于这项规定，很多人会产生一些疑问。

第一，幼女自愿与他人发生性关系的情况下，行为人是否成立强奸罪？

第二，行为人对幼女年龄认识错误，并不明知对方未满 14 周岁的情况下，是否成立强奸罪？

考虑到未满 14 周岁的未成年少女通常身心发育不成熟，缺乏辨别是非的能力，不理解性行为的后果与意义，也无抗拒能力，故不论行为人采用何手段，也不问幼女是否愿意，只要与幼女发生性行为，《刑法》就认定是侵害幼女的性自主权。

在性侵幼女案件中，在认定行为人是否明知对方年龄上，一般可以从身体发育状况、言谈举止、衣着特征、生活作息等观察其是否为幼女。除非行为人有确凿的证据能证明不知道对方为幼女，否则刑法的理念是保持对幼女的最高限度保护和对性侵幼女的最低限度容忍要求，推定行为人明知对方系幼女。

本案中，赵某某出于强奸的故意，故意邀请刘某某吸食毒品，导致刘某某吸食毒品后意识减弱，致使其被侵犯时无能力抗拒。二人之前系男女朋友关系，因此赵某某明知刘某某真实年龄，即明知对方为幼女。因此，本案中赵某某以强奸的故意，邀请刘某某吸食毒品致其恍惚最终失去反抗能力，在明知对方为幼女的情况下强行与刘某某发生性关系，其行为构成强奸罪。

法律小课堂

（一）强奸罪

——《中华人民共和国刑法》

第二百三十六条　【强奸罪】以暴力、胁迫或者其他手段强奸妇女的，处三年以上十年以下有期徒刑。

奸淫不满十四周岁的幼女的，以强奸论，从重处罚。

强奸妇女、奸淫幼女，有下列情形之一的，处十年以上有期徒刑、无期徒刑或者死刑：

（一）强奸妇女、奸淫幼女情节恶劣的；

（二）强奸妇女、奸淫幼女多人的；

（三）在公共场所当众强奸妇女的；

（四）二人以上轮奸的；

（五）致使被害人重伤、死亡或者造成其他严重后果的。

（二）强制猥亵、侮辱罪、猥亵儿童罪

——《中华人民共和国刑法》

第二百三十七条　【强制猥亵、侮辱罪】以暴力、胁迫或者其他方法强制猥亵他人或者侮辱妇女的，处五年以下有期徒刑或者拘役。

聚众或者在公共场所当众犯前款罪的，或者有其他恶劣情节的，处五年以上有期徒刑。

【猥亵儿童罪】猥亵儿童的，依照前两款的规定从重处罚。

远离毒品，谨慎交友

未成年人应全方位抵制毒品。一方面，应认识到毒品和不法行为的危害后果，避免因吸食毒品后产生性冲动而萌生犯罪念头，走上违法犯罪道路。另一方面，防止吸毒后陷入无意识状态，给犯罪人制造可乘之机。这需要未成年人通过多种手段提升自制力和辨别能力。

第一，学习生理知识，正确应对生理期的变化。未成年人对性知识不应置之不理，或因“羞耻心”选择逃避该问题。未成年人应以开放的心态，从正规渠道了解生理知识，学校与家长也应当直接向未成年人普及生理知识，消除性知识的神秘感，使未成年人形成正确的性认知态度，助力青春健康成长。

第二，谨慎交友，与不良社会人员划清界限。心理学家朱迪斯·哈里斯在《教养的迷思》中提出，对孩子的成长影响最大的并不是父母，而是社会环境，是由同龄人组成的社群。未成年人应当提升心智成熟度，提升辨别能力，慎重选择友人。要筛选朋友圈，远离思想堕落、行为嚣张和不遵守法律法规的人，建立积极健康的交友意识。

第三，加强自我保护意识，拒绝陌生示好。未成年人，无论是男生还是女生，都不应该轻易与陌生人单独出行，时刻保持警醒。遇到危险或遭受伤害时，一定要寻求父母、教师或者是有关机构的帮助，勇于拿起法律武器惩治犯罪，捍卫自己的权利。

“毒驾” 是释放还是毁灭?

2018年某日凌晨，被告张某（16岁）和谢某（16岁）吸食毒品后，进入亢奋状态，为了追求快速驾驶摩托车带来的刺激感，二人比赛谁先到达广西田林某超市。二人驾驶非法改装后的两辆无牌无证摩托车，在密集中心车道中反复并线、曲折穿插、多次闯红灯、大幅度超速行驶，其最高时速达到每小时120千米。随后被交警逼停、控制。

法院认定张某和谢某吸食毒品后为了竞技、追求刺激，在道路上曲折穿行、快速追赶行驶车辆的行为，属于《刑法》规定的“追逐竞驶”。二人追逐竞驶虽未造成人员伤亡或财产损失，但法院综合考虑两人无证驾驶、超过限速、闯红灯、强行超车、抗拒交通执法等严重违反《道路交通安全法》的行为，且吸食大量毒品等情形，认定两人行为足以威胁他人生命、财产安全，属于危险驾驶罪中“情节恶劣”的情形，但两人系未成年人，法院最终判决被告人张某犯危险驾驶罪，判处拘役两个月，缓刑两个月，并处罚金人民币1000元；被告人谢某犯危险驾驶罪，判处拘役两个月，缓刑两个月，并处罚金人民币 1000 元。①

未成年人“毒驾”（吸食毒品后驾驶机动车）的问题，主要存在两种情形：吸毒后飙车行为和吸毒后正常驾驶机动车行为。

首先应当明确，未成年人由于无法合法获得机动车驾驶资格，因此未满 18 周岁的人驾驶机动车均属于违法行为。同时，“毒驾”属于违法行为但不一定构成犯罪。

飙车，是指以竞技、追求刺激、娱乐或者赌博为目的，驾驶机动车在道路、广场、校区等地方超速行驶，严重影响社会秩序和道路交通安全的驾驶行为。由于飙车是对自身人身和财产安全极度不负责任的行为，而吸毒后飙车，更加危及他人及公共秩序的安全，因此，吸毒后飙车是违法行为。如果是“毒驾”行为没有造成交通事故的，按《道路交通安全法》《治安管理处罚法》《禁毒法》的规定给予行政处罚，会被处以罚款、治安拘留等处罚；情节严重时，根据《刑法》规定，将构成危险驾驶罪；若“毒驾”造成交通事故致一人以上重伤，负事故全部或者主要责任，则构成交通肇事罪。

其次，应当区分“毒驾”涉及的几类罪名。

第一，危险驾驶罪。根据《刑法》规定，以下行为属于危险驾驶行为：（1）追逐竞驶，情节恶劣的；（2）醉酒驾驶机动车的；（3）从事校车业务或者旅客运输，严重超过额定乘员载客，或者严重超过规定时速行驶的；（4）违反危险化学品安全管理规定运输危险化学品，危及公共安全的，构成危险驾驶罪。本案符合第一种情

① 改编自《未成年人团伙录飙车视频挑衅交警》，载《北京青年报》：http：//www.cinhuanet.com/legal/2017-11/22/c_1121991174.htm，2019 年 6 月 10 日访问。

形。其中，“追逐竞驶”是指行为人在道路上高速、超速行驶，随意追逐、超越其他车辆，频繁、突然并线，近距离驶入其他车辆之前的危险驾驶行为。“情节恶劣”是对追逐竞驶处罚范围的限制，实践中一般认为可以根据道路环境是否属于人流多的路段、行驶时间、机动车状况是否安全、行驶状况中驾驶人是否具有证件、驾驶人数与次数，以及危害后果来进行评价。本案中，张某和谢某吸食毒品后，在无证驾驶情况下，违法驾驶摩托车在车流集中的车道中随意追逐，超速行驶，频繁并线、穿插，不遵守交通规则的行为属于“追逐竞驶，情节恶劣”，因此构成危险驾驶罪。

第二，交通肇事罪。根据《刑法》规定，违反交通运输管理法规，因而发生重大事故，致人重伤、死亡或者使公私财产遭受重大损失的行为构成交通肇事罪。如果吸食毒品，驾驶机动车发生交通事故，交通肇事致 1 人以上重伤，负事故全部或者主要责任，以交通肇事罪定罪量刑；发生重大事故，致人重伤、死亡或者使公私财产遭受重大损失的，处 3 年以下有期徒刑或者拘役；交通肇事后逃逸或者有其他特别恶劣情节的，处 3 年以上 7 年以下有期徒刑；因逃逸致人死亡的，处 7 年以上有期徒刑。

第三，以危险方法危害公共安全罪。根据《刑法》规定，如果行为人吸食毒品后，在道路上驾驶机动车追逐竞驶，情节恶劣，危害不特定多数人的生命、健康或财产安全，而且其行为严重性达到与放火、决水、爆炸以及投放毒害性、放射性、传染病病原体等行为相当的程度，则可能构成以危险方法危害公共安全罪。若致人重伤、死亡或者使公私财产遭受重大损失的，最高可以判处死刑。

对于已满 16 周岁的未成年人，吸食毒品后驾驶机动车发生事故，需要准确区分以上三类罪名，才能保证对其行为的正确认定。三种罪名的区分详见表 2。

表 2　“毒驾“涉及的三种罪名

区分对象	危险驾驶罪	交通肇事罪	以危险方法危害公共安全罪
主观方面	希望或放任的故意	过失	故意
行为要求	醉驾、追逐竞驶以及从事特殊车辆道路运输时违反相关规定的行为	违反交通安全管理法律法规的行为	与“放火、决水、爆炸、投毒”危险性相当的危险行为
危害结果	不要求造成实际的危害结果	重大事故	重大危险

法律小课堂

（一）交通肇事罪

——《中华人民共和国刑法》

第一百三十三条　【交通肇事罪】违反交通运输管理法规，因而发生重大事故，致人重伤、死亡或者使公私财产遭受重大损失的，处三年以下有期徒刑或者拘役；交通运输肇事后逃逸或者有其他特别恶劣情节的，处三年以上七年以下有期徒刑；因逃逸致人死亡的，处七年以上有期徒刑。

（二）危险驾驶罪

——《中华人民共和国刑法》

第一百三十三条　【危险驾驶罪】在道路上驾驶机动车，

有下列情形之一的，处拘役，并处罚金：(一) 追逐竞驶，情节恶劣的；(二) 醉酒驾驶机动车的；(三) 从事校车业务或者旅客运输，严重超过额定乘员载客，或者严重超过规定时速行驶的；(四) 违反危险化学品安全管理规定运输危险化学品，危及公共安全的。机动车所有人、管理人对前款第三项、第四项行为负有直接责任的，依照前款的规定处罚。有前两款行为，同时构成其他犯罪的，依照处罚较重的规定定罪处罚。

(三) 危害公共安全罪

——《中华人民共和国刑法》

第一百一十四条　【放火罪】【决水罪】【爆炸罪】【投放危险物质罪】【以危险方法危害公共安全罪】放火、决水、爆炸以及投放毒害性、放射性、传染病病原体等物质或者以其他危险方法危害公共安全，尚未造成严重后果的，处三年以上十年以下有期徒刑。

第一百一十五条　放火、决水、爆炸以及投放毒害性、放射性、传染病病原体等物质或者以其他危险方法致人重伤、死亡或者使公私财产遭受重大损失的，处十年以上有期徒刑、无期徒刑或者死刑。过失犯前款罪的，处三年以上七年以下有期徒刑；情节较轻的，处三年以下有期徒刑或者拘役。

以贩养吸，跌入深渊

未成年人小丁因一次偶然的机会沾染上了毒品，上了瘾后更是一发不可收拾。由于小丁自己没有收入，手头比较拮据，毒瘾发作又让他痛苦不堪，但幸得“好心人”阿林（已另案处理）帮助，阿林每次购买毒品之后，都会分出一小部分给小丁吸食。天下没有免费的午餐，在小丁吸食阿林的毒品之后，阿林开始让小丁陪自己把买回来的氯胺酮（俗称K粉）重新分装成小包，再出卖给其他人。据了解，2015年1月至2月间，小丁在广东省梅州市平远县城及附近农村等地，伙同阿林给别人送货7次，共计12克，单独为阿林送货7次共计11克。2015年2月26日上午10时许，小丁、阿林在平远县某旅店被进行执法检查的公安民警抓获，当场从他们身上查获氯胺酮共计17.94克。归案后，小丁被平远县人民法院以贩卖毒品罪判处有期徒刑两年，并处罚金9500元。①

---

① 参见黄义涛、孙高辉、郑梦丽：《为“折翼天使”铺平回归路》，载《人民法院报》2016年8月28日，第3版。

一、 以贩养吸，原因为何？

吸食毒品的人被称为吸毒者，贩卖毒品的人被称为贩毒者，部分吸毒者为筹集毒资也“兼职”贩毒，贩毒行为为其吸毒提供了唯一或主要经济支持，这种情形属于以贩养吸。本案中未成年人小丁为了获取毒资，进行贩卖毒品的行为涉及以贩养吸问题。以贩养吸在吸食毒品的未成年人群体中尤其常见，这一问题的高发存在一些普遍性原因。

第一，筹集毒资，满足吸毒需求。这是非常普遍的原因，多数吸毒者正是因为这个原因贩毒的。毒品的利润非常之大，很多吸毒者在吸毒初期勉强能够维持自己购买毒品的经济能力。但随着剂量的不断加大，难以支撑，最后只有与贩毒者同流合污。本案中，小丁作为未成年人并不具备独立的经济来源，无法满足自己吸食毒品的需要，在毒瘾的“拉扯”下，最终走上贩毒的不归路。

第二，想更轻易接触毒品，满足安全感。一般而言，成为一名贩毒人员，往往就掌握了固定的毒品来源，这对于吸毒者来说是“省心省钱”的事。小丁、阿林将毒品掌握在自己手中无形增添了他们的“安全感”，因为他们不必再为如何获取毒品而操心，也不用再和贩毒者斡旋担心自己被坑，对他们而言，这可谓“一劳永逸”，既能保证毒品的稳定来源，又能通过贩毒获益。

第三，以贩养吸的怪圈。吸毒成瘾的人员为了进一步获得毒品，保证吸毒的可持续性，销售毒品往往成为其获得毒品和资金的“必然”选择。如此，便形成了“以贩养吸再以吸促贩”的恶性循环。本案中，小丁属于偶然沾染毒品，因为缺乏收入而毒瘾难耐，于是在阿林的一步步诱导下，为满足持续不断的吸毒需求，选择通过“高回报”的贩毒行为，获得高额毒资。随着吸毒次数更频繁、接触毒品种类更丰富，小丁的毒瘾就日渐严重，最终只能通过长期与大量毒贩接触，贩卖毒品获得更多毒资，购买更多毒品才能满足“水涨船高”的吸食毒品需求，最终越陷越深。

二、 以贩养吸的特殊性

以贩养吸与常规的贩毒行为存在区别。该类犯罪主体既贩卖毒品又吸食毒品，虽然被查获的毒品数量应认定为其贩卖毒品的数量，但量刑时应考虑被告人吸食毒品的情节，酌情从轻处理。即当被告人购买了一定数量的毒品后，部分已被其吸食的情况下，司法机关通常按照能够证明的贩卖数量及查获的毒品数量认定其贩毒毒品数量，已被吸食的毒品数量将不计入在内。

以贩养吸是一个需要证据证明的量刑情节，即只有嫌疑人吸毒的同时也从事贩毒，才有可能被认定为具有吸毒情节。并不能简单地因嫌疑人曾经吸食过毒品，就认定从其住所查获的部分甚至全部毒品为供本人吸食的数量。一般认定以贩养吸的具体情形，主要考虑三方面情况。

第一，司法机关对嫌疑人进行检验。为了防止嫌疑人虚构吸毒事实，主张查获的毒品中存在供自己吸食的部分，以争取量刑时酌情从轻处理的情形，对于以贩养吸的情况需要严格把握。对于贩卖毒品罪犯罪嫌疑人中供述本人吸食部分毒品的，要依法进行尿液或毛发检验。以此判断嫌疑人近期是否长期吸食毒品，吸食何种毒品等情况，以保证刑罚的公正性和一致性。

第二，分析犯罪嫌疑人的经济实力及其毒资来源。一般情况下，以贩养吸的犯罪嫌疑人经济实力比较差，尤其是未成年人无稳定收入来源，往往为了满足自己吸毒的巨大开销不得不进行贩毒。现实中，主要是帮助毒贩“出货”“送货”等，通过赚取小额差价，捞取“劳务费”或以取得一定数量的毒品作为报酬。司法实践中，如果已满16周岁的未成年犯罪嫌疑人经济实力比较雄厚，完全能够满足自己吸毒的日常开销，在其住处等场所查获的毒品达到法定数量，除非有确实充分的证据证明贩毒，一般以非法持有毒品罪定罪处罚。

第三，查明嫌疑人持有毒品的目的。未成年人持有毒品的情况较为特殊，需要特别注意。对于在犯罪嫌疑人住所处查获的毒品，只有准备供自己吸食并计划贩卖给他人时，才可认定为具有吸毒情节的贩卖毒品行为，查获的毒品数量为贩毒总量。如果已满16周岁的未成年犯罪嫌疑人辩称，查获的毒品是别人委托其保管的，就应查明该毒品的来源。如果未成年人明知他人系毒品犯罪分子而替其保管毒品，应以窝藏毒品罪定罪处罚；如果是替吸毒者保管毒品的，达到法定的数量，就应认定为非法持有毒品罪。如果未成年人不知情，误以为是其他物品或者是毒品被隐藏在其他物品之中，在不能证明行为人犯罪故意的情况下，不能追究其刑事责任。此时，应注意查明犯罪嫌疑人所称的委托人身份是否真实存在、委托保管的毒品是否与自己所持有的毒品混同，以鉴别嫌疑人的辩解能否成立。

法律小课堂

（一）走私、贩卖、运输、制造毒品罪

——《中华人民共和国刑法》

第三百四十七条　【走私、贩卖、运输、制造毒品罪】走私、贩卖、运输、制造毒品，无论数量多少，都应当追究刑事责任，予以刑事处罚。

走私、贩卖、运输、制造毒品，有下列情形之一的，处十五年有期徒刑、无期徒刑或者死刑，并处没收财产：

（一）走私、贩卖、运输、制造鸦片一千克以上、海洛因或者甲基苯丙胺五十克以上或者其他毒品数量大的；

（二）走私、贩卖、运输、制造毒品集团的首要分子；

（三）武装掩护走私、贩卖、运输、制造毒品的；

（四）以暴力抗拒检查、拘留、逮捕，情节严重的；

（五）参与有组织的国际贩毒活动的。

走私、贩卖、运输、制造鸦片二百克以上不满一千克、海洛因或者甲基苯丙胺十克以上不满五十克或者其他毒品数量较大的，处七年以上有期徒刑，并处罚金。

走私、贩卖、运输、制造鸦片不满二百克、海洛因或者甲基苯丙胺不满十克或者其他少量毒品的，处三年以下有期徒刑、拘役或者管制，并处罚金；情节严重的，处三年以上七年以下有期徒刑，并处罚金。

单位犯第二款、第三款、第四款罪的，对单位判处罚金，并对其直接负责的主管人员和其他直接责任人员，依照各该款的规定处罚。

利用、教唆未成年人走私、贩卖、运输、制造毒品，或者向未成年人出售毒品的，从重处罚。

对多次走私、贩卖、运输、制造毒品，未经处理的，毒品数量累计计算。

（二）非法持有毒品罪

——《中华人民共和国刑法》

第三百四十八条　【非法持有毒品罪】非法持有鸦片一千克以上、海洛因或者甲基苯丙胺五十克以上或者其他毒品数量大的，处七年以上有期徒刑或者无期徒刑，并处罚金；非法持有鸦片二百克以上不满一千克、海洛因或者甲基苯丙胺十克以上不满五十克或者其他毒品数量较大的，处三年以下有期徒刑、拘役或者管制，并处罚金；情节严重的，处三年以上七年以下有期徒刑，并处罚金。

（三）窝藏、转移、隐瞒毒品、毒赃罪

——《中华人民共和国刑法》

第三百四十九条　【包庇毒品犯罪分子罪】包庇走私、贩卖、运输、制造毒品的犯罪分子的，为犯罪分子窝藏、转移、隐瞒毒品或者犯罪所得的财物的，处三年以下有期徒刑、拘役或者管制；情节严重的，处三年以上十年以下有期徒刑。

犯前两款罪，事先通谋的，以走私、贩卖、运输、制造毒品罪的共犯论处。

网络直播有风险

在美容院打工的龙某（17岁）初一便辍学外出打工，由于父母忙碌，一直对其疏于管教。一次意外染上毒瘾后，龙某微薄的收入完全无法支付巨额的毒资。由于龙某面容姣好，受到美容院打工姐姐的推荐，开始通过多个网络直播平台进行直播表演。慢慢的，龙某通过裸露胸部、挑逗性动作等行为赢得观众赠送的虚拟礼物，最终获利近2万元。随后，她创建"房间"，将录制好的视频在"房间"内公开售卖，又获利近3万元。最后，龙某被深圳警方抓获，深圳市南山区人民法院以传播淫秽物品牟利罪判处其有期徒刑七个月，并处罚金1000元。①

女性未成年吸毒人员获取"毒资"的渠道集中于服务行业。其中，部分女性未成年吸毒人员为了筹集资金吸食毒品，通过信息网络进行"裸聊"、直播色情内容，甚至进行性交易，出卖灵魂

① 参见姜雅雯：《网络主播色情直播的定罪问题研究》，载《安徽警官职业学院学报》2019年第1期，第52页。

和身体获取金钱。本案中，龙某因沾染毒瘾而出卖“身体”进行直播，最终受到法律的制裁。这也警醒未成年人远离毒品，健康直播，以免落入无底深渊。

一、何谓传播淫秽物品？

传播淫秽物品行为对于公众特别是青少年的身心健康会造成危害，也极易演变成为违法犯罪活动。依法打击传播淫秽物品的犯罪行为，对于维护社会治安，净化社会环境，保护未成年人的身心健康，促进社会精神文明建设具有重要意义。网络时代，简单的“物品”一词已经不能涵盖色情内容的所有载体。随着科技的发展，各种传播媒介应运而生，网络直播展露苗头。网络直播是利用电脑的摄像头将所拍摄的即时图像通过网络上传到直播平台，用户进入直播间进行观看的网络用户互动形式。现实生活中，有的网络直播慢慢演化为传播淫秽物品牟利罪的实行行为，值得警惕！对此，首先需要弄清楚何为传播淫秽物品牟利罪。

第一，传播淫秽物品牟利罪的犯罪对象为淫秽物品。根据《刑法》第367条规定，淫秽物品，是指具体描绘性行为或者露骨宣扬色情的淫性书刊、影片、录像带、录音带、图片及其他淫秽物品。判断评价对象是否属于淫秽物品时，应在把握淫秽物品实质属性的前提下，坚持整体性、客观性与关联性的判断原则。例如，分析传播的物品中对性行为的表现方式：（1）是否露骨、详细；（2）采取的是何种表现手法；（3）在作品中的比重；（4）是否为表现作品的思想、艺术所必需；（5）是否能被作品的科学性、艺术性、思想性所缓和与淡化。

第二，传播淫秽物品牟利罪的行为表现为制作、复制、出版、贩卖、传播五种形式。“制作”是指生产、录制、编写、绘画、印刷等创造、产生淫秽物品的行为。“复制”是指通过翻印、翻拍、复印、转录等方式将原已存在的淫秽物品制作一份或多份的行为。“出版”是指将淫秽作品编辑加工后经过复制向公众发行的行为。“贩卖”通常是指低价购进再高价卖出的行为，但也应包括单纯的有偿转让淫秽物品行为。“传播”是指通过播放、陈列、在互联网上建立淫秽网站、网页等方式使淫秽物品让不特定或者多数人感知以及通过出借、赠送等方式散布、流传淫秽物品的行为。实施上述行为之一的，即可成立本罪，同时实施上述行为的，也只认定为一罪，不实行数罪并罚。本案中，龙某的行为涉及制作、复制、传播传播淫秽物品的行为，最终仅按照传播淫秽物品牟利罪定罪量刑。

第三，只要已满16周岁，并具有刑事责任能力的人均可成为传播淫秽物品牟利罪的犯罪主体。此外，单位也可构成本罪。本案中，龙某已经年满17周岁，符合本罪的犯罪主体要件。

第四，传播淫秽物品牟利罪要求行为人具有牟利的目的。本罪的故意要求行为人认识到自己制作、复制、出版、贩卖、传播的是淫秽物品。此外，还必须具有牟利目的。是否具有牟利目的，要从行为人制作、复制、出版、贩卖淫秽物品的数量、向他人传播淫秽物品的人次与组织播放的次数、获利的数额等方面进行判断。本案中，龙某长期吸食毒品，出于快速获取毒资的目的，开始通过网络传播淫秽视频，牟取了大量利益。因此，符合本罪的主观要件。不过，即使行为人的传播淫秽物品行为不是基于牟利目的，根据《刑法》的规定也可能涉嫌传播淫秽物品罪。

二、直播属于传播淫秽物品的行为方式吗?

网络直播是一种新兴的社交方式，它扩展了人们之间的交流方式，深入我们生活的各个方面，同时也产生了巨大的经济效益，这也成为部分吸毒者筹集毒资的重要渠道。与此同时，色情直播也甚嚣尘上，破坏了社会的良好风尚，对网络直播行业的健康发展也产生了不良影响。性质严重的色情表演可能触犯《刑法》，直播平台、主播究竟应当如何被定罪值得探讨。为了实现罚当其罪，对于当事人龙某是否构成传播淫秽物品牟利罪，应重点厘清淫秽物品的概念。

通常认为“淫秽物品”应具备三个要素：(1) 包含淫秽内容；(2) 具有违法性，仅供个人观看的淫秽刊物、录像带不在本罪所规制的范围内；(3) 有物质载体，具有固定性，存在于思想中的淫秽信息显然不可能属于本罪中的“淫秽物品”。主播利用互联网和其他移动通讯终端，现场进行淫秽表演或展示含有淫秽内容的视频、音频文件和图片等，都是以数据形式再现其内容的。尽管猥亵的图像数据具有固定性和传播性要件，但是很难说数据本身就是“物”。因此，网络直播色情内容不属于《刑法》第 367 条第 1 款所规定的书刊、影片等形式，并不属于淫秽物品。进一步分析，网络色情直播是具备违法性和淫秽内容的直播行为，但是不具备物质载体。

因此，处理本案类似案件时应区分淫秽物品和淫秽表演。淫秽表演通常指当众进行各种淫秽性或挑逗、刺激性欲的动作表演。当主播在信息网络平台上实施裸体展示等表演时，根据 2004 年最高人民法院、最高人民检察院《关于办理利用互联网、移动通讯终端、声讯台制作、复制、出版、贩卖、传播淫秽电子信息刑事案件具体应用法律若干问题的解释》，不宜将其行为扩大解释而视之为传播淫秽物品。不过，当主播利用互联网或者其他移动通讯终端，向观看直播的网络用户展示已经制作的含有淫秽表演等色情内容的视频、音频文件、图片，这些电子信息则属于淫秽物品。

组织淫秽表演可能构成组织淫秽表演罪。实践中，不少女性未成年人通过参与淫秽表演筹集毒资。2017 年 4 月至 2018 年 6 月期间，被告人王某策划，许某等 9 人先后招募、雇佣多名女性“陪客人员”，在麒麟区某主题大酒店六楼 KTV 包房内长期组织进行脱衣舞等淫秽表演活动。法院最终认定被告人王某等 10 人组织进行淫秽表演，情节严重，其行为已触犯《刑法》第 356 条之规定，犯罪事实清楚，证据确实充分，应当以组织淫秽表演罪追究其刑事责任。① 值得注意的是，本罪的主体是淫秽表演的组织者，而非表演者，在实践中一般是文化娱乐场所、饮食服务行业的经营者，如歌厅、舞厅、夜总会的老板。

所以，本案中龙某将直播视频录载后通过网络进行销售的行为，属于传播淫秽物品牟利的行为，获取的 3 万元属于本罪违法所得。但是，龙某直播淫秽表演的行为，并不属于传播淫秽物品行为，因此获利的 2 万元不能作为传播淫秽物品牟利罪的定罪量刑依据。

三、 网络平台应担责

未成年人参与网络直播和视频的乱象表明，相关网络平台应进一步强化监管。一些网络直播和视频平台，主播注册仅需要上传身份证，不需要进行实名认证，一些平台还设定了试用时间，试用期间连上传身份证都不需要。正因如此，许多未成年主播就有了传播淫秽物品的机会。事实上，将未成年人禁止在网络直播外是公认的

---

① 改编自《令人发指！曲靖一团伙组织未成年人进行脱衣舞表演……》，载搜狐新闻：https：//www. sohu. com/a/303190966_186456，2019 年 3 月 22 日发布，2020 年 4 月 22 日访问。

行业准则。但是，由于未成年人主要是属于不与网络平台签约的闲散主播，相对于与网络平台签约的主播，其认证条件更宽松。因此，一些未成年人使用非本人身份证件注册，钻平台的监管漏洞开通直播，而平台也没有严格甄别和监管。

根据《刑法》的规定，对于明知他人利用信息网络实施犯罪，为其犯罪提供互联网接入、服务器托管、网络存储、通信传输等技术支持，或者提供广告推广、支付结算等帮助，情节严重的行为，可能构成帮助信息网络犯罪活动罪。根据规定，平台对于色情淫秽等非法信息负有“停止传输，及时报告，保留证据”等义务。故而，如果对涉“黄”、涉“低俗”等相关信息不予以及时处理，在符合《刑法》规定的情形下，相关平台则有可能成立犯罪，将被追究刑事责任。

四、 直播的“边界”

网络直播作为新兴行业，应当在法制轨道内健康发展。为了获取正当利益，大众应清楚哪些内容能播，哪些不能播？总体而言，违反法律法规的直播内容大致包括以下几个方面：一是直播的内容涉及煽动国家分裂、煽动破坏法律实施等危及国家安全和社会秩序方面的内容。二是直播与淫秽物品、淫秽表演相关的内容。三是直播与恐怖主义犯罪活动相关或者与邪教相关的内容。四是直播明显可以认定为是传授犯罪方法的内容，即直播向他人传授的某项“技能”为犯罪方法。五是直播其他违反法律法规内容的行为。未成年人应该树立正确的世界观、人生观和价值观，坚决抵制违法违规的直播，努力成为新时代力量。

法律小课堂

（一）制作、复制、出版、贩卖、传播淫秽物品牟利罪

——《中华人民共和国刑法》

第三百六十三条　【制作、复制、出版、贩卖、传播淫秽物品牟利罪】以牟利为目的，制作、复制、出版、贩卖、传播淫秽物品的，处三年以下有期徒刑、拘役或者管制，并处罚金；情节严重的，处三年以上十年以下有期徒刑，并处罚金；情节特别严重的，处十年以上有期徒刑或者无期徒刑，并处罚金或者没收财产。为他人提供书号，出版淫秽书刊的，处三年以下有期徒刑、拘役或者管制，并处或者单处罚金；明知他人用于出版淫秽书刊而提供书号的，依照前款的规定处罚。

（二）传播淫秽物品罪

——《中华人民共和国刑法》

第三百六十四条　【传播淫秽物品罪】传播淫秽的书刊、影片、音像、图片或者其他淫秽物品，情节严重的，处二年以下有期徒刑、拘役或者管制。组织播放淫秽的电影、录像等音像制品的，处三年以下有期徒刑、拘役或者管制，并处罚金；情节严重的，处三年以上十年以下有期徒刑，并处罚金。制作、复制淫秽的电影、录像等音像制品组织播放的，依照第二款的规定从重处罚。向不满十八周岁的未成年人传播淫秽物品的，从重处罚。

（三）组织淫秽表演罪

——《中华人民共和国刑法》

第三百六十五条 【组织淫秽表演罪】组织进行淫秽表演的，处三年以下有期徒刑、拘役或者管制，并处罚金；情节严重的，处三年以上十年以下有期徒刑，并处罚金。

（四）帮助信息网络犯罪活动罪

——《中华人民共和国刑法》

第二百八十七条 【帮助信息网络犯罪活动罪】明知他人利用信息网络实施犯罪，为其犯罪提供互联网接入、服务器托管、网络存储、通讯传输等技术支持，或者提供广告推广、支付结算等帮助，情节严重的，处三年以下有期徒刑或者拘役，并处或者单处罚金。

单位犯前款罪的，对单位判处罚金，并对其直接负责的主管人员和其他直接责任人员，依照第一款的规定处罚。

有前两款行为，同时构成其他犯罪的，依照处罚较重的规定定罪处罚。

（五）淫秽物品的范围

——《中华人民共和国刑法》

第三百六十七条 本法所称淫秽物品，是指具体描绘性行为或者露骨宣扬色情的诲淫性的书刊、影片、录像带、录音带、图片及其他淫秽物品。有关人体生理、医学知识的科学著作不是淫秽物品。包含有色情内容的有艺术价值的文学、艺术作品不视为淫秽物品。

——2004年最高人民法院、最高人民检察院《关于办理利用互联网、移动通讯终端、声讯台制作、复制、出版、贩卖、传播淫秽电子信息刑事案件具体应用法律若干问题的解释》（法释〔2004〕11号）

第九条　刑法第三百六十七条第一款规定的“其他淫秽物品”，包括具体描绘性行为或者露骨宣扬色情的诲淫性的视频文件、音频文件、电子刊物、图片、文章、短信息等互联网、移动通讯终端电子信息和声讯台语音信息。

有关人体生理、医学知识的电子信息和声讯台语音信息不是淫秽物品。包含色情内容的有艺术价值的电子文学、艺术作品不视为淫秽物品。

（六）网络直播的有关规定

——2016年国家互联网信息办公室《互联网直播服务管理规定》

第十二条　互联网直播服务提供者应当按照“后台实名、前台自愿”的原则，对互联网直播用户进行基于移动电话号码等方式的真实身份信息认证，对互联网直播发布者进行基于身份证件、营业执照、组织机构代码证等的认证登记。互联网直播服务提供者应当对互联网直播发布者的真实身份信息进行审核，向所在地省、自治区、直辖市互联网信息办公室分类备案，并在相关执法部门依法查询时予以提供。

互联网直播服务提供者应当保护互联网直播服务使用者身份信息和隐私，不得泄露、篡改、毁损，不得出售或者非法向他人提供。

第十三条　互联网直播服务提供者应当与互联网直播服务使用者签订服务协议，明确双方权利义务，要求其承诺遵守法律法规和平台公约。

互联网直播服务协议和平台公约的必备条款由互联网直播服务提供者所在地省、自治区、直辖市互联网信息办公室指导制定。

第十七条　互联网直播服务提供者和互联网直播发布者未经许可或者超出许可范围提供互联网新闻信息服务的，由国家和省、自治区、直辖市互联网信息办公室依据《互联网新闻信息服务管理规定》予以处罚。

对于违反本规定的其他违法行为，由国家和地方互联网信息办公室依据职责，依法予以处罚；构成犯罪的，依法追究刑事责任。通过网络表演、网络视听节目等提供网络直播服务，违反有关法律法规的，由相关部门依法予以处罚。

淫秽物品不健康，害人害己毁梦想

随着信息网络的飞速发展，未成年人获知色情淫秽信息的渠道日益多样。这些亚文化不断腐蚀着未成年人纯洁的灵魂，故社会各界急需合力净化环境，为未成年人的健康成长创造文明的现实和网络环境。

第一，家长要反思。家长不仅要生孩子，还要养孩子、教孩子，培养道德意识，并教导其正确的性观念。从龙某的成长经历来看，其从小父母就不在身边，缺少父母的教育和监管，不知道该如何去结交朋友。加上受同辈群体的影响，未成年的她在性方面表现得很随便，包括传播淫秽物品，龙某认为这是她的自由，殊不知已经违背社会公德，违反我国法律，触犯了《刑法》。

第二，学校要改进。17 岁本该是读书的年龄，可见龙某已经辍学。但是即使如此，她所经历的学校教育仍然可能缺位，即缺乏正确的教育方式。由于学生对于性知识的神秘感和羞耻心理无法得到正确引导，未成年人在探寻未知的路途中，难免走向黑暗和泥泞。

第三，社会要规制。目前很多未成年人接触网络、录像，深受其害，龙某也是受害者之一。禁止未成年人进入营业性网吧这一规定，受逐利思想的影响，在很多地方并未得到落实。因此，各行各业需要严格遵守法律法规，禁止未成年人接触不良信息和进入网吧等场所。同时，加强道德法律宣传力度，全民普法，培养知法、用法、守法公民。

盗窃筹毒资毁前途

【案例一】南昌新建区的龚某今年仅 17 岁，父母在几年前离异，随后他便一直跟着母亲和姐姐生活。龚某初一便选择了辍学，之后在网吧结识了一些社会闲散人员，并在一年前染上毒瘾。毒瘾发作后龚某十分痛苦，由于尚无独立的生活来源，而案发前向母亲要钱被拒，他便想到与同伴李某（已经另案处理）砸车行窃。随后，龚某和李某成功砸破路边一辆汽车右侧车窗玻璃，盗取汽车内物品，包括手机、手表和少许现金（总价值 6000 元），得逞后二人将物品进行变卖，所得赃款全部用来购买麻果并吸食。其实，两年前，龚某就曾因抢劫罪被判处有期徒刑九个月。最终，法院认定龚某盗窃数额较大，依法构成盗窃罪，虽然龚某系未成年人，不构成累犯，但因有前科，量刑应慎重考量，最终判处龚某有期徒刑两年。①

---

① 改编自《砸车盗窃吸毒！是什么导致了这些未成年人走上了这样的道路?》，载腾讯新闻网：https：//xw. qq. com/cmsid/20181007A04EF5/20181007A04EF500，2018 年 10 月 7 日发布，2020 年 4 月 23 日访问。

【案例二】16岁的刘某是某中学高二学生，从小就娇生惯养，在学校不求上进，后来发展到经常与一些社会“混混”来往，为了合群和扮酷开始吸食毒品。于是，刘某花钱如流水，父母知道他的恶习后，便严格控制他的生活费。半年之内，毒瘾难忍的刘某多次趁父母外出，将家里的现金偷走（共计5000元），并把偷拿的钱用于购买大量K粉以吸食，而父母追问时他拒不承认。报警后，经过缜密的侦查，公安机关将嫌疑目标锁定在刘某身上，将其刑事拘留。父母知道窃贼是刘某后，认为儿子偷拿父母的钱财不算犯罪，不想追究责任，要求公安机关释放刘某。但公安机关认为刘某已涉嫌犯罪，对于刘某父母的请求未予允许，而刘某也声称自己只是拿了自己家里的钱，并未违法。①

在未成年人吸食毒品案例中，“毒资”不足是普遍现象。由于大部分未成年人缺乏筹资渠道，不少受毒瘾支配、丧失理性的未成年人，容易通过盗窃来获取金钱，导致家庭盗窃案高发。

一、 认识盗窃罪

根据《刑法》的规定，盗窃罪是指以非法占有为目的，秘密窃取公私财物数额较大或者多次盗窃、入户盗窃、携带凶器盗窃、扒窃公私财物的行为。认识盗窃罪，必须弄明白两点。

第一，盗窃罪所侵犯的对象，是国家、集体或个人的财物。总而言之，盗窃对象为他人财物，一般是指动产，不包括不动产（如

---

① 改编自《未成年人偷自家财物是否构成犯罪?》，载中国法院网：http：//www，chinacourt. org/article/detail/2015/04/id/1599126. shtml，2015年4月21日发布，2020年4月23日访问。

房屋)，但是不动产上的附着物，若可以与不动产分离，例如，田地上的农作物、山上的树木、建筑物上之门窗等，也可以成为本罪的对象。前述案例中的手机、手表和现金等均属于动产，都属于他人私有财物。

第二，盗窃罪有多种表现形式。包括盗窃数额较大的公私财物、多次盗窃公私财物、入户盗窃、携带凶器盗窃、扒窃的行为。其中，第一种情形明确要求盗窃数额需达到“数额较大”的标准。2013 年最高人民法院、最高人民检察院《关于办理盗窃案件法律若干问题的解释》规定，盗窃价值 1000 元至 3000 元以上，即可认定为盗窃“数额较大”。各省高级人民法院可以根据本地的经济发展状况和社会治安状况，在此数额幅度内确定本地区的具体数额。不过，两案例涉案金额分别为 6000 元、5000 元，均达到了窃取数额较大的公私财物。且在案例二中，刘某多次盗窃，同时也符合“两年内三次盗窃”的多次窃取入罪条件。而其他情形对盗窃数额没有特别要求，若行为人实施了入户盗窃、携带凶器盗窃、扒窃的行为，即使仅盗得一分钱等价值及其低廉的财物，或者已经将“犯罪的魔爪”靠近目标财物的，即使未盗得任何财物，也将受到法律的制裁。

二、 盗窃近亲属的财物是家事吗?

如今家长溺爱子女现象严重，在温室中培育成长的花朵，抵抗诱惑能力较弱。未成年人一旦开始吸食毒品，常沉迷其中无法自拔，在家庭的斥责和要求下，部分未成年人开始戒毒。但是，未成年人意志薄弱，常常无法忍受戒断反应带来的折磨，再一次踏入泥潭。最终，缺乏毒资的未成年人，表面上，在父母面前假扮“乖孩子”，信誓旦旦地保证与毒品一刀两断；实质上，趁父母放松警惕，偷取家中的财物，用以购买毒品。

现实生活中，父母一旦发现未成年人吸食毒品并且偷窃家中钱财，大部分父母会选择原谅，不愿诉诸司法程序。因为家长既担心“家丑外扬”，又惧怕刑罚对子女成长带来的长远负面影响。最终，家长只能在愤怒与无奈中挣扎。诸多未成年人便利用家长的矛盾心理，为所欲为。殊不知其行为不仅危害了家庭利益，更损害了社会秩序，危害社会，还可能会受到法律的制裁。

根据我国法律的相关规定，偷拿家庭成员或者近亲属的财物，获得谅解的，一般可以不认为是犯罪；追究刑事责任的，应当酌情从宽。因此，盗窃自己家里的财物或者近亲属的财物，一般可不按犯罪处理。对确有追究刑事责任必要的，在处理时也应同在社会上作案有所区别。究其本质，是因为与社会上作案的盗窃犯罪不同，偷盗自家和近亲属的财物具有其特殊性。

一方面，家庭的财产关系比较复杂，家庭成员对于共同财产拥有平等的占有、使用与处置的权利，相互之间还具有抚养、赡养、监护、继承等人身和财产方面的权利义务关系。由于长期共同生活和财产在生产、交换、分配、消费过程中的频繁流转，家庭成员之间的财产权利往往很难划分清楚。发生在家庭成员之间的盗窃，一般难以区分盗窃的哪些财物属于家庭共有财产，哪些属于其他家庭成员的个人财产。因此，难以确定犯罪的具体对象属于哪一位家庭成员。即使财产能够区分清楚，盗窃自己家里或近亲属的财物与在社会上作案的盗窃相比，行为人的主观恶性相对不深，社会危害的范围和程度也相对较小，一般不影响社会公众的利益和安全。

另一方面，受中国传统的家族观念的影响，为了维系亲情，维护家族的名誉，家庭成员之间的相互偷盗行为往往被家庭成员“内部化”处理。家庭成员和近亲属之间发生偷盗行为的原因和情况也比较复杂。而且受害人报案后，一旦知道盗窃系由自己的近亲属所为，由于亲情或者其他种种原因，一般都不愿意继续诉诸司法程序，追究作案亲属的刑事责任。在这种情况下，如果司法机关主动进行刑事追诉，将给受害人及其家庭带来不必要的消极影响，社会效果也并不好。

法律规定“一般不按照犯罪处理”，但也存在例外情形。根据案件事实综合考虑行为人盗窃的次数、盗窃财物的价值、给被盗亲属造成的损失、行为人和被盗亲属关系的远近及案发后的反应等情况，可以针对情节严重的行为人追究刑事责任。比如多次盗窃亲属财物屡教不改，或者盗窃亲属财物数额特别巨大，或者盗窃亲属财物进行违法犯罪活动，被盗的亲属强烈要求司法机关追究其刑事责任的案件等。

本案中，刘某多次偷盗自家钱财，多达 5000 元，数额较大。案发后，在父母追问和警察询问时拒不承认，体现了刘某认罪悔罪态度差，并未意识到行为的危害性。同时刘某为了吸食毒品而盗窃钱财，在我国吸毒行为属于违法活动，加之刘某系未成年人，可见行为之恶劣。因此，刘某盗窃家中财物的行为并不属于“一般不按照犯罪处理”的情形。

“确有追究刑事责任必要”的标准如何？从犯罪学角度分析，一旦犯罪行为具有社会危害性、刑事违法性、应受惩罚性，公安机关或司法机关就有权利作出追究行为人刑事责任的决定。但是，因为盗窃自己家庭和近亲属财物行为的社会危害程度和范围有限，可以认为属于《刑法》第 13 条规定的“情节显著轻微危害不大”的情形，故一般情况下司法机关不作为犯罪追究。即使司法机关认为确有追究必要的，也主要是从更有效的教育惩戒行为人方面考虑。从实际上来看，在偷拿自己家里和近亲属财物的情况下，案发后未成年人的行为容易取得被害人的谅解。在大多数情况下，对其不判刑往往比判刑的社会效果更好，判处轻刑比判处重刑的社会效果要好，判处缓刑或管制刑比判处监禁刑的社会效果好。这样可以使其不脱离家庭和亲属，既利于缓和家庭和亲属关系，也有利于教育挽救犯错的未成年人，从而更好地实现刑罚特殊预防和一般预防的双重目的。

案例二中，刘某自幼娇生惯养，未形成正确的金钱观念，将从家中盗取财物当做理所当然，殊不知其行为的严重社会危害性。并且，刘某的家长并未正确认识刘某行为的严重性，只是听之任之。长此以往，刘某不仅无法转变吸毒、盗窃的错误行为，甚至会造成巨大的负面社会效应，危害社会安全。因此，司法机关以涉嫌盗窃罪将刘某刑事拘留并批捕，完全符合相关法律规定。

法律小课堂

（一）累犯

——《中华人民共和国刑法》

第六十五条　【一般累犯】被判处有期徒刑以上刑罚的犯罪分子，刑罚执行完毕或者赦免以后，在五年以内再犯应当判处有期徒刑以上刑罚之罪的，是累犯，应当从重处罚，但是过失犯罪和不满十八周岁的人犯罪的除外。

前款规定的期限，对于被假释的犯罪分子，从假释期满之日起计算。

（二）盗窃罪

——《中华人民共和国刑法》

第二百六十四条　【盗窃罪】盗窃公私财物，数额较大的，或者多次盗窃、入户盗窃、携带凶器盗窃、扒窃的，处三年以下有期徒刑、拘役或者管制，并处或者单处罚；数额巨大或者有其他严重情节的，处三年以上十年以下有期徒刑，并处罚金；数额特别巨大或者有其他特别严重情节的，处十年以上有期徒刑或者无期徒刑，并处罚金或者没收财产。

——2013年最高人民法院、最高人民检察院《关于办理盗窃刑事案件适用法律若干问题的解释》（法释〔2013〕8号）

第一条　盗窃公私财物价值一千元至三千元以上、三万元至十万元以上、三十万元至五十万元以上的，应当分别认定为刑法第二百六十四条规定的“数额较大”、“数额巨大”、“数额特别巨大”。

各省、自治区、直辖市高级人民法院、人民检察院可以根据本地区经济发展状况，并考虑社会治安状况，在前款规定的数额幅度内，确定本地区执行的具体数额标准，报最高人民法院、最高人民检察院批准。

在跨地区运行的公共交通工具上盗窃，盗窃地点无法查证的，盗窃数额是否达到“数额较大”、“数额巨大”、“数额特别巨大”，应当根据受理案件所在地省、自治区、直辖市高级人民法院、人民检察院确定的有关数额标准认定。

盗窃毒品等违禁品，应当按照盗窃罪处理的，根据情节轻重量刑。

第七条　盗窃公私财物数额较大，行为人认罪、悔罪，退赃、退赔，且具有下列情形之一，情节轻微的，可以不起诉或者免予刑事处罚；必要时，由有关部门予以行政处罚：

（一）具有法定从宽处罚情节的；

（二）没有参与分赃或者获赃较少且不是主犯的；

（三）被害人谅解的；

（四）其他情节轻微、危害不大的。

第八条　偷拿家庭成员或者近亲属的财物，获得谅解的，一般可不认为是犯罪；追究刑事责任的，应当酌情从宽。

——2014年江西省高级人民法院《〈关于常见犯罪的量刑指导意见〉实施细则（一）》

（六）盗窃罪

1. 构成盗窃罪的，可以根据下列不同情形在相应的幅度内确定量刑起点：

（1）盗窃达到数额较大起点的【1500元】，两年内三次盗窃的，入户盗窃的，携带凶器盗窃，或者扒窃的，可以在一年以下有期徒刑、拘役幅度内确定量刑起点。

（2）盗窃达到数额巨大起点【5万元】或者具有其他严重情节的，可以在三年至四年有期徒刑幅度内确定量刑起点。

（3）盗窃达到数额特别巨大起点【40万元】或者具有其他特别严重情节的，可以在十年至十二年有期徒刑幅度内确定量刑起点。但依法应当判处无期徒刑的除外。

骗取毒资不可取

【案例一】2013 年某日，毒龄已经两年的卢某某（17 岁）为获取毒资，在许某某（30 岁，已经另案处理）教唆下，共谋利用网络诈骗他人钱财。由卢某某提供笔记本电脑、银行卡等作案工具，并租赁某酒店式公寓等处作为诈骗窝点，许某某负责在婚恋网站诱骗女性被害人投资“彩票”。最终，以持有内幕消息为由，骗取被害人苏某某“投注”人民币 1 万元；以中奖需缴纳银行开户费等为由，骗取苏某某汇款人民币 6 万元；以奖金解冻为由，骗取苏某某再次汇款人民币 8 万元。诈骗后，卢某某分得人民币 12000 元。案发后，公安局将追回的人民币 15 万元退还给被害人苏某某，并获得苏某某谅解。

法院经审理认为，卢某某伙同他人以非法占有为目的，采用虚构事实、隐瞒真相的方法，骗取他人人民币 15 万元，数额巨大，其行为已构成诈骗罪。在共同犯罪中，卢某某起次要作用，是从犯，并获得被害人谅解，且犯罪时不满 18 周岁，依法应当减轻处罚；被告人许某某犯诈骗罪，被判处有期徒刑二年。

【案例二】2015年某日，羊某政、羊某能等13名犯罪嫌疑人，利用被害人刘某某准备订机票的情况，假扮客服，要求刘某某将购票款转到提前准备的账号中。随即通知对方说转账不成功，要求刘某某再操作一番，最终骗取刘某某现金2万多元。

案发后，警方当场缴获赃款人民币2万多元、作案用小汽车4辆及银行卡、手机等涉案物品一批，以及毒品约8克。经初步审讯发现，团伙成员均为十六七岁，大部分人吸食毒品，为了获取充足的吸毒资金常常进行团体诈骗。其诈骗窝点设在海南，却“承包”包括广东、河南、福建等省的30多宗“机票火车票改签”电信诈骗案，获取毒资10万多元。最终13名未成年人被判处有期徒刑二至四年不等。①

随着互联网信息技术的发达，网络犯罪行为日益严重。部分未成年人为满足吸食毒品的需求，容易受到他人教唆和同辈群体鼓动，为了获得“心理支持”和“安全感”，常被“短期利益”冲昏头脑，结成团伙，利用网络进行诈骗，谋取毒资。

一、 未成年人网络团伙诈骗

网络诈骗是指以非法占有为目的，利用互联网采用虚构事实或者隐瞒真相的方式，骗取数额较大公私财产的行为。网络诈骗案件中的未成年人既有“个体户”，也有“集团”成员，诈骗犯罪集团中分工明确，成员各司其职，也有部分未成年人是被他人教唆行事，如案例一。

吸食毒品的未成年人之所以热衷于通过网络诈骗获取“毒资”，

---

① 案例一、二均改编自H省未成年犯管教所真实案例。

是因为网络诈骗借助信息网络实施犯罪，大大突破了物理空间和时间的限制，犯罪"触角"可以广泛延伸。网络虚拟性、关联性的特点造成传统时空关系的分离，犯罪活动的不同要素可能分布在多个地域内。碎片化的地域分布特征增强了犯罪的非接触性，犯罪嫌疑人和受害者往往只有虚拟空间的交流，被害人甚至对犯罪嫌疑人的真实情况一无所知，能知道的仅仅是对方在网络空间的虚拟身份。互联网的虚拟性，使得未成年人产生了侥幸心理，认为通过网络诈骗非法获取财物是免受法律追究的"保险箱"。

未成年人的思想比较单纯，交往意识强烈，热衷成群结伙。但未成年人常常产生错误认识，即自认为已经长大，什么都懂，轻视父母和老师的教育，不以为然，盲目追求所谓的个性独立。实践中，有些未成年人由于成绩不好，升学无望，在家被家长责备，在校被老师嫌弃，因而对学校、教师、家长产生强烈的对立和反叛情绪。于是，未成年人常常三五个人混在一起，讲"哥们义气""姐妹情深"，崇尚"有福同享、有难同当"。在他们当中，一旦有一个人吸毒，其他人为了合群和追求"时髦"，很容易引起交叉感染，最终为了获取毒资，结成小团伙，共同进行有组织诈骗。

二、 未成年人网络诈骗的类型

要了解未成年人为筹取毒资进行的网络诈骗犯罪，首先需要了解何为刑法中的诈骗罪。诈骗罪是指以非法占有为目的，用虚构事实或者隐瞒真相的方法，骗取数额较大公私财物的行为。网络诈骗犯罪的基本行为构造为：行为人以非法占有为目的借助网络实施欺诈行为→被骗者陷入或维持错误认识→被骗者基于错误认识处分财产→行为人取得财产→被害人受到财产损失。

网络诈骗大部分以网络购物、网络兼职、网络投资等方式出现，根据作案手段不同，一般分为利益诱惑型和危机恐吓型两类。

案例一属于利益诱惑型网络诈骗案件。这一类型是指行为人利用被害人贪图便宜或者渴求获取经济利益的心理，使被害者陷入错误认识，通过互联网骗取财物的行为。比较常见的主要方式包括以下四种：其一，网络购物中以出售商品为名骗取钱财，如以出售机票为名行骗。其二，小额网络贷款，即允诺为被害者提供小额贷款，但先以收取手续费或保证金的名义骗取钱财。其三，注册虚假网站，例如假借婚恋、职业中介等名义设立网站，收取低额手续费骗取钱财。其四，彩票预测，即以提供彩票中奖信息为幌子骗取钱财。案例一中，卢某某为了获取毒资，通过网络物色对象，进行感情投资后，再虚构中奖信息，骗取被害人共支付 15 万元。这类行为正是法律严厉打击的利益诱惑型网络诈骗行为。

案例二属于危机恐吓型网络诈骗案件。这一类型是指行为人故意制造虚假危机或利用受害者陷入危机的不利情形，从而欺骗被害人骗取财物的行为。常见的危机恐吓型诈骗主要包括三种。其一，QQ、微信等交友聊天诈骗，即虚构有突发事故等博取被害人同情，诈骗财物。其二，退订机票或演出门票诈骗，即联系购票者，谎称航班或演出取消，利用钓鱼网站骗取钱财。其三，网购退货诈骗，即谎称网购或送货不成功，给被害者发送钓鱼退货网站，骗取钱财。案例二中，犯罪团体利用被害人急需购票的处境，制造紧张情绪，让被害人陷于慌乱状态，无法理性思考，进而骗取被害人钱财。随着互联网技术的日益完善，国家网络安全监控与防治的加强，危机恐吓型网络诈骗会受到严厉打击。

之所以前述两种诈骗行为成为未成年人筹集购毒资金的高发类型，是因为未成年人轻信网络诈骗能快速骗取大额钱财。为了筹集毒资，满足吸食毒品的欲望，未成年人常被利益蒙蔽双眼，实施犯罪行为。吸食毒品的未成年人，在获得诈骗违法所得后洋洋得意，殊不知其一举一动早已被警方监控。无论使用何种网络诈骗途径，都将受到法律的制裁，为自己的“荒唐”行为付出惨重代价。在法律面前，绝不能存在侥幸心理。唯有遵守社会道德、法律规范，保持清醒头脑，不为外界不良文化左右，方能健康成长。

法律小课堂

——《中华人民共和国刑法》

第二百六十六条　【诈骗罪】诈骗公私财物，数额较大的，处三年以下有期徒刑、拘役或者管制，并处或者单处罚金；数额巨大或者有其他严重情节的，处三年以上十年以下有期徒刑，并处罚金；数额特别巨大或者有其他特别严重情节的，处十年以上有期徒刑或者无期徒刑，并处罚金或者没收财产。本法另有规定的，依照规定。

——2011 年最高人民法院、最高人民检察院《关于办理诈骗刑事案件具体应用法律若干问题的解释》（法释〔2011〕7 号）

第一条　诈骗公私财物价值三千元至一万元以上、三万元至十万元以上、五十万元以上的，应当分别认定为刑法第二百六十六条规定的“数额较大”、“数额巨大”、“数额特别巨大”。

各省、自治区、直辖市高级人民法院、人民检察院可以结合本地区经济社会发展状况，在前款规定的数额幅度内，共同研究确定本地区执行的具体数额标准，报最高人民法院、最高人民检察院备案。

未成年人如何拒绝犯罪亚文化？

不听信他人教唆，积极寻求帮助。未成年人的认知尚未健全，所以应该积极学习法律知识，学会辨认违法犯罪行为，严词拒绝他人不合法、不合理的要求，绝不听信他人教唆。若遇到违法纠缠者，应该积极寻求家长、教师或警察的帮助，绝不轻易“上当”，以免误入歧途。

抵制同辈群体中的亚文化，规范自身行为。目前，社会中流浪未成年人的人数逐渐上升，互相之间拉帮结派，传播消极负面的价值观，吸食毒品等违法犯罪行为日益高发。随着同辈群体影响力的扩大，尚处叛逆期的未成年人为寻求心理认同，获得归属感，满足争强好胜的心理，常常加入所谓的“帮会”等不良团体，亚文化也逐渐腐蚀其灵魂。对此，未成年人应该正确认识亚文化，积极抵制不良言论和行为，严格要求自身，不轻信、不参与、不理睬，保持积极乐观的心态和单纯善良的品性，避免跌入“地狱”。

抢劫罪的三种类型

【案例一】2019 年某日下午，未成年人詹某某（14 岁）、黄某某（15 岁）、张某某（16 岁）三人在回家途中萌生了购买毒品“尝鲜”的想法。但是，三人身上没有太多钱财。当晚三人露宿菜市场，在蒋某某店中买炸土豆时，与蒋某某因差 2 元钱发生争执，于是萌生抢劫意图。实施抢劫时，蒋某某奋力反抗，三人情急之下用板凳将蒋某某压倒在地，并捂住其口鼻，最终致其窒息死亡，随后，三人抢走摊位上的 200 余元和一部手机，购买 2 克 K 粉用于吸食。最终，法院认定三人犯抢劫罪，各判处有期徒刑十年。

【案例二】2016 年某日晚，毒瘾难忍的犯罪嫌疑人张某（15 岁）携带匕首窜至某销售货物和家庭居住一体的杂货店，以购物为名骗店主李某将门打开。入店后，张某掏出匕首将李某逼近“客厅”，进行暴力威胁欲实施抢劫，李某因为恐惧不敢反抗。正在李某准备打开保险柜时，门外突然出现巡逻警察，张某见状立即逃离现场。最后，张某被警方依法逮捕，但是他辩称自己并没有抢到任何东西，不构成任何犯罪。

【案例三】2015 年某日，王某（17 岁）常常打架、逃课，不断招惹是非，受到老师和同学的歧视。为了寻求认同感，王某逐渐与校外辍学的小混混走到一起。为了合群王某甚至开始吸食 K 粉，染上严重的毒瘾。由于没有固定的毒资来源，几个人就纠集到一起，在网吧周围的巷子和胡同内进行抢钱。案发时，王某和同伙舟某（16 岁）正骑着一辆摩托车，准备夺走一名女子孟某的钱包（内有现金约 6000 元）。孟某手拿钱包大声呼救，两人恐慌之下，王某下车用事先携带的小刀刺伤孟某背部，导致孟某轻伤。法院终判决，王某和舟某以非法占有他人财物为目的，携带凶器抢夺他人财物，构成抢劫罪。鉴于被告人系未成年人，且到案后能如实陈述，最终判决王某犯抢劫罪，处有期徒刑三年；舟某犯故意抢劫罪，处有期徒刑三年。判决后，二人十分困惑，认为只是想抢钱购买毒品，为何会被判处抢劫罪呢？①

随着未成年人吸毒人数的增加，引发次生犯罪类型更加多样，其中抢劫罪发生频率较高。有的未成年人为了获得吸毒资金不顾后果、有的未成年人被毒瘾冲昏头脑、有的未成年人对法律一无所知，这些成为未成年人因抢劫毒资而进入冰冷监狱的重要原因。

一、 抢劫罪的认定

在调查访谈中，部分未成年人表示：“因为想吸毒，只是出去找别人要点钱而已，自己也没想到这是抢劫罪。”无论是敲诈勒索他人财物，还是强行抢夺，都是法律明令禁止的犯罪行为。但是抢劫罪究竟为何？处罚有何不同？

---

① 案例一、二、三均改编自 H 省未成年犯管教所真实案例。

根据我国《刑法》规定，抢劫罪，是以非法占有为目的，对财物的所有人、保管人使用暴力、胁迫或其他方法，强行将公私财物抢走的行为。当场对被害人身体实施强制的犯罪手段，是抢劫罪的本质特征，也是它区别于盗窃罪、诈骗罪、抢夺罪和敲诈勒索罪的最显著特点。对于行为人而言，抢劫最根本的目的是劫取财物，侵犯人身权利只是一种犯罪手段。为了强行获取财物，行为人往往对公私财物的所有者、保管者或者守护者当场使用暴力、胁迫或者其他对人身实施强制的方法，强行劫取公私财物。

所谓暴力，是指对财物的所有人、管理人、占有人的身体实施不法打击或强制，致使被害人不能反抗的行为，如殴打、捆绑、伤害、禁闭等，只要行为足以压制受害人的反抗即可。比如案例一中，三被告人为获得购毒资金，用板凳将蒋某某压倒在地，压制其反抗，同时捂住其口，防止其喊叫的行为便属于使用暴力行为。

所谓胁迫，是指对被害人以当场实施暴力相威胁，进行精神强制，从而使其产生恐惧而不敢反抗，任其抢走财物或者被迫交出财物的行为。胁迫的内容是当场对被害人施以暴力。胁迫的方式则多种多样，有的是动作，有的是语言与动作，比如拿出随身携带的刀具，恐吓他人。有的还可能是利用特定的危险环境进行胁迫，如在夜间偏僻的地区，用假的塑胶刀喝令他人“站住，交出钱来”，使被害人产生恐惧，不敢反抗，亦可构成本罪的胁迫。胁迫必须是向被害人当面发出，如果不是向被害人当面发出，而是通过书信或者他人转告的方式让被害人得知，则不是构成本罪的胁迫。案例二中，张某掏出事先准备的匕首，对李某进行威胁，李某因为恐惧不敢反抗，只能按照张某要求交出财物的行为，正是胁迫行为。

所谓其他方法，是指使用暴力、胁迫以外的方法使得被害人不知反抗或无法反抗，从而当场劫取财物的行为。如用酒灌醉、用药物麻醉、利用催眠术催眠被害人，乘其不备将被害人锁在屋内致其与财产隔离等方法劫取他人财物。即使行为人没有使用其他方法导致被害人处于不知反抗或无法反抗的状态，只是利用被害人自身无法控制财物的状态，公然取走他人财物的行为，也可能构成犯罪。比如小王欲对小张的杂货铺实施抢劫，抵达杂货铺后小王若发现小张因自身醉酒而熟睡或昏迷，于是堂而皇之地“拿走”财物（共计金额 10000 元）的行为，虽然不构成抢劫罪，不过成立盗窃罪。

抢劫罪的对象，不局限于他人合法所有的现金和物品。抢劫毒品、假币、淫秽物品等违禁品同样构成抢劫罪，抢劫的违禁品数量作为量刑情节予以考虑。抢劫赌资、犯罪所得的赃款赃物的，也构成抢劫罪，但行为人仅以其所输赌资或所赢赌债为抢劫对象，一般不以抢劫罪定罪处罚。

抢劫是一种严重的暴力犯罪，法定刑最高为死刑。根据《刑法》第 263 条规定，以暴力、胁迫或者其他方法抢劫公私财物的，处 3 年以上 10 年以下有期徒刑，并处罚金。具有以下八种情节之一的，加重处罚，处 10 年以上有期徒刑、无期徒刑或者死刑，并处罚金或者没收财产：入户抢劫的，在公共交通工具上抢劫的，抢劫银行或者其他金融机构的，多次抢劫或者抢劫数额巨大的，抢劫致人重伤、死亡的，冒充军警人员抢劫的，持枪抢劫的，抢劫军用物资或者抢险、救灾、救济物资的。

由此可见抢劫罪的刑罚之重。案例一中，三名未成年被告人抢劫致被害人死亡，案例二中张某的行为属于入户抢劫，因此，两个案件中的被告人都应适用 10 年以上有期徒刑、无期徒刑或者死刑的法定刑幅度，并处罚金或者没收财产。而因被告人均系未成年人，依法应当从轻和减轻处罚，法院的量刑相对宽缓。即便存在宽缓，这也意味着涉案未成年人最美好的青春岁月将在监狱中度过，错过许多珍贵的人生风景，而且留下人生污点。

二、 一分钱没抢到，也成立抢劫罪吗?

案例二中，张某声称自己并没有抢到任何财物，因此不成立抢劫罪。这样错误的想法，不仅反映出未成年人沾染毒品后难以自拔，为了获取毒资而不计后果的行为模式，也反映出未成年人缺乏法律基本知识的现状。行为人想抢钱，却没有抢到，这也是经常发生的情形。对于已经基于抢劫罪故意实施了抢劫行为，只是结果“失手”没有“抢到钱”的人，刑法难道不追究其刑事责任吗?当然不会，行为人未得逞的，这属于刑法中的犯罪未遂，仍然应承担刑事责任，只是在量刑时依法可以从轻或减轻。

区分抢劫罪既遂与未遂，主要看行为人是否侵犯公私财物或他人人身权利。只要行为人在实施抢劫的过程中，以暴力、胁迫或者其他方法对被害人的人身权利进行侵犯，造成轻伤以上的后果，即使没有劫取到财物，与实际劫取到财物在刑法中的意义是一样的，两种情形均构成抢劫罪的既遂。既未劫取财物，又未造成他人人身伤害后果的，属于抢劫未遂。《刑法》第 263 条明确规定了抢劫罪加重处罚的八种情节，同时根据我国刑法的基本理论，加重犯通常只有是否成立的问题，不存在未遂的情形。所以，案例二中，张某虽未实际抢劫到任何财物，但其对李某进行胁迫，已经侵犯了李某的人身权利，构成抢劫罪。

三、 转化型抢劫罪

案例三中，王某为了获得认同，能够证明自身价值，加入社会不良群体，试图获得所谓的优越感。为使自己显得合群，与其他“混混”一起吸食 K 粉，从短暂的麻痹自我中寻找快乐，这便是罪恶循环的开始。为了保证有充足K粉供吸食，王某开始尝试通过抢夺进行筹资，最终却不知不觉踏上了抢劫的不归路。王某可能以为自己犯的是“小事”——钱没抢到、人也伤得轻、刀也是一把小刀。如果王某“不动刀子”，可能只是涉嫌比较轻的抢夺罪，但是，“动刀子”以后，依法其行为性质就转化为抢劫罪。

依据《刑法》的规定，抢夺罪是指以非法占有为目的，乘人不备，公开夺取数额较大的公私财物的行为，是介于盗窃罪与抢劫罪之间的一种犯罪形态。抢夺罪与抢劫罪只是一字之差，不过在行为构成和法律后果方面存在明显差别，主要体现在表3中的行为主体、侵犯客体和客观行为三方面。

表3 **抢夺罪与抢劫罪的区别**

区分对象	抢夺罪	抢劫罪
主体	年满16周岁具备刑事责任能力者	年满14周岁具备刑事责任能力者
侵犯客体	公私财产的所有权	公私财产所有权和公民的人身权利
客观行为	公然夺取公私财物数额较大的行为	使用暴力胁迫或者其他方法劫取公私财产的行为，劫取公私财物的数额不限

总之，如果暴力的指向对象是物，通常构成抢夺罪；如果暴力直接针对人，那就构成抢劫罪。抢夺罪是没有携带凶器，并且暴力直接指向物的行为。如果行为人携带凶器实行抢夺，就威胁了人身安全，《刑法》将其认定为抢劫罪。

依照法律规定，抢夺罪向抢劫罪转化主要包括以下两种情形。

第一，犯盗窃、诈骗、抢夺罪，为窝藏赃物、抗拒抓捕或者毁灭罪证而当场使用暴力或者以暴力相威胁的，依照抢劫罪定罪处罚。此种情况下，窝藏赃物、抗拒抓捕或者毁灭罪证三类行为都是盗窃、诈骗、抢夺的后续行为，行为人原本具有非法占有涉案财产的目的，一旦使用暴力或用暴力进行威胁，即会危及被害人的人身安全。此时，侵害对象便转化成为财物和人身，抢夺行为将在法律处置层面转化为抢劫罪。

第二，携带凶器抢夺的，依照抢劫罪定罪处罚。抢夺罪属于趁其不备夺取他人财物的行为，但是一旦携带凶器进行抢夺，则行为的性质就变了。即使行为人仅具有抢夺的故意，但是行为人预见到抢夺过程中可能对被害人使用武器并威胁被害人人身安全的情形，此种情形下对于被害人的人身和财物已经形成了双重危险。因此，《刑法》规定，对于携带凶器进行抢夺的情形也应当在法律处置层面按照抢劫罪定罪量刑。

其中，应该区分实施抢夺行为时“携带”“显示”“使用”凶器的三种情形。第一种，若王某和舟某随身携带了国家禁止个人携带的器械，如枪支、爆炸物、管制刀具，即使未向孟某显示或者使用，也可以抢劫罪定罪处罚；若携带了国家禁止个人携带的以外器械，如菜刀、铁棒、石块等，但是二人在审判过程中能够证明该器械确实不是为了实施抢夺行为而准备的，则不以抢劫罪定罪处罚。第二种，如果王某和舟某在抢夺过程中，将随身携带凶器有意加以显示，并且已经让被害人孟某察觉到，直接适用抢劫罪的规定定罪处罚。第三种，如果王某和舟某在抢夺过程中，使用了携带的凶器，对被害人施加暴力、威胁的，则适用抢劫罪的规定定罪处罚。案例三中，在第一个阶段，王某和舟某出于抢夺被害人财物的故意，并且实际实行了抢夺行为，已经构成了抢夺罪。但在第二个阶段，二人使用了携带的凶器小刀，将孟某刺成轻伤，已经侵犯了孟某的人身权利，此时二人将对孟某财物的危险转化为孟某人身和财物的双重危险。根据《刑法》的规定，其行为性质从抢夺罪转化为抢劫罪，法院应当在抢劫罪的法定刑幅度内量刑。

法律小课堂

（一）抢劫罪

——《中华人民共和国刑法》

第二百六十三条 【抢劫罪】以暴力、胁迫或者其他方法抢劫公私财物的，处三年以上十年以下有期徒刑，并处罚金；有下列情形之一的，处十年以上有期徒刑、无期徒刑或者死刑，并处罚金或者没收财产：

（一）入户抢劫的；

（二）在公共交通工具上抢劫的；

（三）抢劫银行或者其他金融机构的；

（四）多次抢劫或者抢劫数额巨大的；

（五）抢劫致人重伤、死亡的；

（六）冒充军警人员抢劫的；

（七）持枪抢劫的；

（八）抢劫军用物资或者抢险、救灾、救济物资的。

（二）抢夺罪

——《中华人民共和国刑法》

第二百六十七条 【抢夺罪】抢夺公私财物，数额较大的，或者多次抢夺的，处三年以下有期徒刑、拘役或者管制，并处或者单处罚金；数额巨大或者有其他严重情节的，处三年以上十年以下有期徒刑，并处罚金；数额特别巨大或者有其他特别严重情节的，处十年以上有期徒刑或者无期徒刑，并处罚金或者没收财产。

携带凶器抢夺的，依照本法第二百六十三条的规定定罪处罚。

（三）转化型抢劫罪

——《中华人民共和国刑法》

第二百六十九条　【转化的抢劫罪】犯盗窃、诈骗、抢夺罪，为窝藏赃物、抗拒抓捕或者毁灭罪证而当场使用暴力或者以暴力相威胁的，依照本法第二百六十三条的规定定罪处罚。

——2005 年最高人民法院《关于审理抢劫、抢夺刑事案件适用法律若干问题的意见》(法发〔2005〕8 号)

一、关于"入户抢劫"的认定

根据《抢劫解释》第一条规定，认定"入户抢劫"时，应当注意以下三个问题：一是"户"的范围。"户"在这里是指住所，其特征表现为供他人家庭生活和与外界相对隔离两个方面，前者为功能特征，后者为场所特征。一般情况下，集体宿舍、旅店宾馆、临时搭建工棚等不应认定为"户"，但在特定情况下，如果确实具有上述两个特征的，也可以认定为"户"。二是"入户"目的的非法性。进入他人住所须以实施抢劫等犯罪为目的。抢劫行为虽然发生在户内，但行为人不以实施抢劫等犯罪为目的进入他人住所，而是在户内临时起意实施抢劫的，不属于“入户抢劫”。三是暴力或者暴力胁迫行为必须发生在户内。入户实施盗窃被发现，行为人为窝藏赃物、抗拒抓捕或者毁灭罪证而当场使用暴力或者以暴力相威胁的，如果暴力或者暴力胁迫行为发生在户内，可以认定为“入户抢劫”；如果发生在户外，不能认定为“入户抢劫”。

二、关于“在公共交通工具上抢劫”的认定

公共交通工具承载的旅客具有不特定多数人的特点。根据《抢劫解释》第二条规定，“在公共交通工具上抢劫”主要是指在从事旅客运输的各种公共汽车、大、中型出租车、火车、船只、飞机等正在运营中的机动公共交通工具上对旅客、司售、乘务人员实施的抢劫。在未运营中的大、中型公共交通工具上针对司售、乘务人员抢劫的，或者在小型出租车上抢劫的，不属于“在公共交通工具上抢劫”。

三、关于“多次抢劫”的认定

刑法第二百六十三条第（四）项中的“多次抢劫”是指抢劫三次以上。

对于“多次”的认定，应以行为人实施的每一次抢劫行为均已构成犯罪为前提，综合考虑犯罪故意的产生、犯罪行为实施的时间、地点等因素，客观分析、认定。对于行为人基于一个犯意实施犯罪的，如在同一地点同时对在场的多人实施抢劫的；或基于同一犯意在同一地点实施连续抢劫犯罪的，如在同一地点连续地对途经此地的多人进行抢劫的；或在一次犯罪中对一栋居民楼房中的几户居民连续实施入户抢劫的，一般应认定为一次犯罪。

四、关于“携带凶器抢夺”的认定

《抢劫解释》第六条规定，“携带凶器抢夺”，是指行为人随身携带枪支、爆炸物、管制刀具等国家禁止个人携带的器械进行抢夺或者为了实施犯罪而携带其他器械进行抢夺的行为。行为人随身携带国家禁止个人携带的器械以外的其他器械抢夺，但有证据证明该器械确实不是为了实施犯罪准备的，不以抢劫罪定罪；行为人将随身携带凶器有意加以显示、能为被害人察觉到的，直接适用刑法第二百六十三条的规定定罪处罚；行为人携带凶器抢夺后，在逃跑过程中为窝藏赃物、抗拒抓捕或者毁灭罪证而当场使用暴力或者以暴力相威胁的，适用刑法第二百六十七条第二款的规定定罪处罚。

五、关于转化抢劫的认定

行为人实施盗窃、诈骗、抢夺行为，未达到“数额较大”，为窝藏赃物、抗拒抓捕或者毁灭罪证当场使用暴力或者以暴力相威胁，情节较轻、危害不大的，一般不以犯罪论处；但具有下列情节之一的，可依照刑法第二百六十九条的规定，以抢劫罪定罪处罚：

(1) 盗窃、诈骗、抢夺接近“数额较大”标准的；

(2) 入户或在公共交通工具上盗窃、诈骗、抢夺后在户外或交通工具外实施上述行为的；

(3) 使用暴力致人轻微伤以上后果的；

(4) 使用凶器或以凶器相威胁的；

(5) 具有其他严重情节的。

未成年人如何有效预防抢劫？

1. 不随身携带巨额财物，不贸然显露自己的财物。未成年人外出时不要携带过多的贵重物品，尤其是经过抢劫易发路段，不要将贵重财物外显。例如，手机不要挂在胸前，装有贵重物品的包不要背在身后，而应背于胸前。

2. 不单独进入不安全区域。未成年人外出时，尤其是在夜间，应事先告诉家人或朋友自己的去向、路线，大约要花多少时间等，并尽可能结伴而行。在街上，要走人多且路灯明亮的大路，切忌为抄近路而走灯光昏暗的偏僻小路。

3. 提高警惕性，远离不良场所。KTV、网吧、酒吧等娱乐场所不适合未成年人活动。娱乐场所内人员嘈杂，一旦人们受到酒精或者毒品的影响，易发生打闹和恶性暴力事件。未成年人力量小，难以自我保全，因而应当远离不良场所。

4. 乘坐车辆时，保持清醒。未成年人出行尽量选用公共交通工具，不要因贪图便宜乘坐无照经营的“黑的”或“摩的”。深夜乘出租车回家时，在车上用手机告诉家人或朋友回去的大致时间及搭车时所在的位置，并请家人或朋友在家门口接应。上车后，把随身携带的包放在身前，车窗不可摇得过低。因为有些歹徒会趁车拐弯减速或遇红灯停下时，从车窗伸手进来抢包。

5. 沉着冷静应对突发事件。未成年人若发现被可疑人员跟踪，不要害怕，可大胆回头多盯对方几眼或大叫熟悉人的名字，并立即向人多的地方走去。如若不幸遭遇抢劫或抢夺时应该舍财保命，以人身安全为重，并在保证人身安全的前提下尽量保留证据。

“毒醒”后请悬崖勒马

未成年人心理具有不成熟、不稳定的特点，在面对毒品时，不能客观理智地冷静分析，也很难对自己的行为作出正确评估。毒品虽能致人精神恍惚，但是毒品的麻痹效果并非一直持续，影响程度也因人而异。当毒品影响减弱时，如果未成年人受到正确的指引，只要幡然悔悟、悬崖勒马，就能够成立刑法中的犯罪中止，减轻刑事责任。

【案例一】陈晓（化名，16岁）与府问（化名，17岁）是同村好友。府问由于长期无工作，经常向陈晓借钱偿还赌债，但是从未出具任何票据。案发当日，陈晓向府问催债时，府问却坚决不承认自己向陈晓借过钱，并声称陈晓欠自己1万元赌债未归还。回家后，陈晓愤愤不平，在吸食了少许海洛因之后，决定除掉府问。随后，陈晓携带铁钩去找府问，路上遇到了治安民警并询问他去哪里。随后民警对陈晓的工作和生活进行了询问，并鼓励他学习和找工作。民警走后，陈晓渐渐清醒，内心悔悟，不愿意断送前程，最终打消了杀人的意念，折返回家。

【案例二】2015 年某日，未成年人李某（17 岁）与其前女友刘某因为吵架分手。随后，李某发现刘某找到新男朋友，暴怒之下，便产生杀害刘某的想法。在家中吸食大量麻果之后，李某愤怒地前往刘某工作所在的 KTV 包房，冲进房间用西瓜刀刺向被害人。随后，刘某在地上痛苦呻吟并苦苦求饶。因毒品效果减弱，李某开始恢复理智，对刘某产生怜悯之情，将其送往医院。经司法鉴定，刘某额骨轻伤。法院最终判决被告人李某犯故意伤害罪，判处拘役三个月，缓刑六个月。

【案例三】小刚（16 岁）家境殷实，但学习成绩差，经常打架斗殴，导致父母对其态度极为冷淡，在平时的交流中父母对小刚全是斥责与抱怨。日渐叛逆的小刚因得不到父母的理解与认同，逐渐抑郁并且染上毒瘾。2013 年某日，早已对父母心怀恨意的小刚，在吸食毒品后进入激动亢奋状态，积蓄已久的怨念致使小刚冲进厨房拿起菜刀疯狂地伤害母亲。约 10 分钟后，小刚逐渐恢复平静，看见躺在血泊中的母亲，惊恐万分，意识到自己在毒品的控制下犯下了滔天大罪。于是，立马拨打 120 将其母亲送往医院，由于伤情过重，其母最终成为植物人。最终，法院判决小刚犯故意杀人罪，但其自动有效地防止了被害人死亡结果的发生，系犯罪中止，判处有期徒刑六年。

【案例四】陈某（17 岁）、武某（16 岁）因为吸毒结识后，在一家网吧做管理员。2016 年某日晚，二人共同在出租屋内吸食毒品后，为了获得更多钱购买毒品，二人共谋前往附近的一家私人银饰店进行盗窃。两人携带编织袋和铁棍，撬开门锁进入店铺后，武某“毒效”减弱，突然后悔，并劝说陈某中止犯罪行为，见劝说陈某无效，武某便独自先行离开。最后陈某盗得价值 5 万元的银饰。法院认定陈某、武某为共同犯罪，均构成盗窃罪，判处陈某有期徒刑五年，武某有期徒刑三年八个月。对此，武某认为判决显失公平。①

毒品具有强大的刺激和麻痹作用，一旦吸食毒品，极易引发吸食者的激情犯罪。但是，随着毒品作用的逐渐减弱，吸食者逐渐恢复意识和平静后，大多数会产生恐惧、慌张、怜悯等情绪。此时，吸毒者有机会悬崖勒马，其行为可以被认定为犯罪中止，从而得到宽缓的处罚。

一、 何为犯罪中止？

犯罪中止是刑法鼓励的行为，因为中止行为体现出行为人主观恶性的降低，是犯罪行为人“回头是岸”的表现。刑法中的犯罪中止是指犯罪分子在实施犯罪过程中，自动放弃犯罪或者自动有效地防止犯罪结果发生的行为。“在犯罪过程中”，是指从犯罪预备到犯罪既遂前的全过程。如果犯罪已经既遂，即犯罪分子追求的结果已经发生，例如故意杀害已经造成被害人重伤，抢劫罪中已经非法取得他人财物的，则不成立中止。简单地说，犯罪既遂即犯罪人得逞之后无中止。理解犯罪中止，首先应了解其主要特征。

第一，行为人主观上必须具有中止犯罪的决意，即内心形成彻底的、完全的、终局性放弃犯罪的念头。犯罪中止是行为人在客观上能够继续犯罪和实现犯罪结果的情况下，自觉作出的不继续犯罪或不追求犯罪结果的选择，也就是“实际上可以继续犯罪，但内心不愿为”。如果情形是“不继续犯罪，因为实际上不能为”，那么就属于犯罪未遂。犯罪未遂的量刑宽缓幅度比犯罪中止小。未成年

① 案例一、二、三、四均改编自H省未成年犯管教所真实案例。

人心理素质差，个人控制力不强，毒品效果减弱后，中止犯罪动机也可能是多样的。有的是惧怕受到刑罚惩罚，有的是由于他人劝说而改变了原来的犯罪意图，有的是良心发现，幡然悔悟，消除了自己的犯罪意图，还有的则出于对被害人的怜悯，转而放弃犯罪。根据法律规定，犯罪动机不影响犯罪中止的成立，只要行为人主观上有中止犯罪的决意，就可能获得处罚的宽缓。

第二，行为人客观上有中止犯罪的行为。也就是说，行为人现实地、客观地放弃了犯罪行为。中止行为是停止犯罪的行为，是使正在进行的犯罪中断的行为。例如，正在杀人的过程中，因怜悯中断了攻击被害人的行为。犯罪中止的成立，以最终不发生犯罪结果为成立条件。

第三，犯罪中止必须发生在犯罪过程中，而不能发生在犯罪结束之后。犯罪过程是指从准备犯罪到犯罪结果发生之前。如果不是在犯罪过程中的行为，例如发生在犯罪既遂之后的停止行为，如故意杀人中已导致被害人死亡的情形，不属于犯罪中止。

第四，犯罪中止必须是有效地停止了犯罪行为或者有效地避免了危害结果的发生。其中，“自动有效地防止犯罪结果发生”是指犯罪行为实施完毕之后犯罪结果发生之前，犯罪分子主动采取措施，成功地阻止了犯罪结果发生。案例三中，儿子小刚持菜刀砍杀母亲，在小刚恢复意识之后悔悟并且恐惧，主动拨打 120 将母亲送往医院抢救，虽然母亲成为植物人，但是避免了其母亲的死亡，其行为构成故意杀人罪的犯罪中止。如果小刚母亲在被送至医院抢救途中，因为伤势过重去世，小刚仍成立犯罪既遂而不是犯罪中止，因为小刚只有中止行为而没有有效防止犯罪结果的发生，属于无效的中止。

二、 犯罪中止的类型

上述四个案例中，仅有前三个案例成立犯罪中止，为什么最后一个案例中的被告人不成立犯罪中止呢？武某是不是“冤枉”呢？

案例一中，陈晓已经准备好犯罪工具，但尚未接近被害人，因此陈晓尚处在犯罪预备阶段。陈晓在前往实施杀人行为的路途中，受警察的劝阻，加之受毒品效果减弱的影响，产生了放弃杀人行为的念头，最终折返家中。陈晓并未着手实施杀人行为，避免了被害人死亡危害结果的实际发生，成立犯罪预备阶段的犯罪中止。这种类型的犯罪中止，行为人主观恶性小，没有造成危害结果，行为的社会危害性是最轻的。

案例二中，李某属于实行行为尚未终了阶段的中止。李某出于杀人的故意，刺伤刘某，但是在毒品作用减弱和内心情愫的作用下，心生怜悯和不舍，最终放弃了杀人行为。李某虽已经着手实施了杀人行为，但没有得逞，即未造成刘某死亡的结果。因此，属于实行行为没有实行终了的中止，成立犯罪实行未终了阶段中止。这种类型的犯罪中止，已经造成了一定的危害结果，应根据具体情况量刑从宽。

案例三中，小刚的行为属于实行行为实行终了的情况下，自动有效地防止犯罪结果的中止行为。本案中，小刚受毒品的刺激，对母亲实施了杀害行为。小刚对其母亲进行伤害后，如果不采取任何行为，其母亲在半小时后，会因为失血过多而死亡。之后小刚“毒醒”，将母亲送往医院救治。虽然小刚的杀人行为已经实施完毕，但是死亡结果尚未发生，小刚采取积极措施避免了死亡结果的发生，因此其行为构成犯罪实行终了阶段的犯罪中止。

案例四中武某与陈某系共犯。共同犯罪中对犯罪中止的认定具有特殊性。部分犯罪人自动中止犯罪的行为，不一定会成立全案的中止，需要视情况区别对待，详见表4。

表4　　共犯中止的类型

共犯中止类型	效果
自己中止后，成功劝说其他人也放弃犯罪	全案犯罪中止
自己中止后，其他共犯不愿意中止，自己采取了有效措施防止危害结果的发生	自己成立犯罪中止
自己中止后，其他共犯不愿意中止，自己采取了一定措施，有效中断自己先前行为与犯罪的联系①	自己成立犯罪中止
自己中止后，其他共犯不愿意中止	全案不成立犯罪中止

根据《刑法》第24条的规定，对于中止犯，没有造成损害的，应当免除处罚；造成损害的，应当减轻处罚。因此，对于案例一中陈晓这类尚未造成损害的行为应免除处罚。对于案例二和案例三中李某和小刚的犯罪中止行为，因未成年人犯罪的依法应当从轻或者减轻处罚，综合考虑，应在故意杀人罪较低的法定刑幅度内对二人进行处罚。案例四中，武某与陈某系共同犯罪，武某虽然有单方面"退出犯罪"的行为，但并未劝说陈某一并放弃犯罪，也没有采取有效措施防止犯罪结果的发生，而且没有中断自己准备工具行为对犯罪的帮助关系，因此，武某不成立犯罪中止，仍应当承担盗窃罪

---

① 即消除"原因力"，比如两人共谋行窃，一人负责准备房屋地图，但是进入房屋后，准备地图的人突然放弃了盗窃的念头，带着地图便离去，另一个人后来胡乱摸索，取得了财务的行为，这种情况即可认定为是中断了自己先前行为与整个盗窃的联系，即使后来发生危害结果，仍然可以认定为中止。

的责任。

法律小课堂

（一）犯罪预备

——《中华人民共和国刑法》

第二十二条　【犯罪预备】为了犯罪，准备工具、制造条件的，是犯罪预备。对于预备犯，可以比照既遂犯从轻、减轻处罚或者免除处罚。

（二）犯罪未遂

——《中华人民共和国刑法》

第二十三条　【犯罪未遂】已经着手实行犯罪，由于犯罪分子意志以外的原因而未得逞的，是犯罪未遂。对于未遂犯，可以比照既遂犯从轻或者减轻处罚。

（三）犯罪中止

——《中华人民共和国刑法》

第二十四条　【犯罪中止】在犯罪过程中，自动放弃犯罪或者自动有效地防止犯罪结果发生的，是犯罪中止。对于中止犯，没有造成损害的，应当免除处罚；造成损害的，应当减轻处罚。

（四）共同犯罪概念

——《中华人民共和国刑法》

第二十五条 【共同犯罪的概念】共同犯罪是指二人以上共同故意犯罪。二人以上共同过失犯罪，不以共同犯罪论处；应当负刑事责任的，按照他们所犯的罪分别处罚。

（五）从重处罚与从轻处罚

——《中华人民共和国刑法》

第六十二条 【从重处罚与从轻处罚】犯罪分子具有本法规定的从重处罚、从轻处罚情节的，应当在法定刑的限度以内判处刑罚。

（六）减轻处罚

——《中华人民共和国刑法》

第六十三条 【减轻处罚】犯罪分子具有本法规定的减轻处罚情节的，应当在法定刑以下判处刑罚；本法规定有数个量刑幅度的，应当在法定量刑幅度的下一个量刑幅度内判处刑罚。犯罪分子虽然不具有本法规定的减轻处罚情节，但是根据案件的特殊情况，经最高人民法院核准，也可以在法定刑以下判处刑罚。

戒毒之路虽远，行则将至！

刚满15岁的阿兵本来是班级的尖子生，但是自其父母离异后，情绪处理不当，而母亲忙于赚钱维持生计，无暇照顾他，在学校的阿兵逐渐消沉、抑郁，成绩一落千丈。后来，一次偶然机会，阿兵结识了校外青年阿乐，与之一起频繁出入网吧和KTV等场所。一次在KTV玩耍时，阿乐拿出了一包白粉，邀请阿兵一起吸食，此后阿兵逐渐染上毒瘾。2015年某日晚，阿乐找到正在上自习的阿兵，邀他一起去某户住宅盗窃财物以购买毒品。阿兵进行了强烈的思想斗争，他想："虽然自己对毒品形成了依赖，需要金钱来购买毒品，但是不想就此断送前程，成为阶下囚。"最终，阿兵拒绝了阿乐的邀请，并且回到家中后，向母亲坦白自己吸食毒品的事实。在母亲和社区的帮助下，经过一年的努力，最终成功戒毒，迎来了人生的新篇章。①

---

① 改编自《初醒——一个未成年人的自诉戒毒历程》，载中国禁毒网：http：//nncc.626.com/2018-12/11/c_1210012963.htm，2018年12月11日发布，2020年4月24日访问。

一、 吸毒不是时尚而是“犯傻”

当今，不少未成年人年少轻狂，吞云吐雾坠入深渊。在阿兵的自述中，他说，“由于年少无知，不知毒品的厉害，就没当回事，什么毒品会伤害身体、会上瘾之类的心里恐惧根本不存在，在朋友面前更是装出一副胆子特大，什么都无所谓的样子”。其实，大多数吸食毒品的未成年人抱着尝试和侥幸心理，并不曾真正认识毒品的恐怖面目，忽视了毒品给生理和心理造成的慢性伤害。初次接触冰毒后，未成年人在吞云吐雾间体验虚无缥缈的短暂快感，义无反顾地频繁吸食还以为是时尚。就在这样的自我催眠中，越陷越深，无法自拔。

未成年人沉迷赌毒之后，容易游走在社会边缘，终将毁身败家成为毒品的“傀儡”。毒品的危害不言而喻，成年人吸食毒品将破坏个人身心健康。当未成年人吸食毒品带来刺激感的同时，身体也发生着翻天覆地的变化。有时整个人会进入高度亢奋的状态之中，甚至连续数日不吃不睡，在无事可做的情况之下疯狂迷恋网络赌博游戏和暴力色情视频，身体日渐消瘦。随着毒品对大脑的中枢神经系统严重侵蚀，记忆力严重下降，说话语无伦次，终日昏昏沉沉，逐渐消沉、自闭，渐渐引发焦虑、抑郁，导致一些情绪性的暴力行为发生。

未成年人吸食毒品也会破坏家庭和社会和谐。长期沉浸在毒品的世界中，未成年人本就稚弱的心灵会逐渐变得自私、无情、麻木，彻底沦为毒品的傀儡而不自知，深陷泥潭，越陷越深。即使在清醒的时候，有些未成年人想到吸毒后带来的种种麻烦，也曾尝试着克制，决心把毒品戒掉，做一个好孩子、好学生和好青年。可是强烈的戒断反应，以及毒友的呼唤，都不停诱惑着他们，稍有懈怠，便功亏一篑。未成年人吸食毒品的情况被家人得知后，往往面临着父母整日的指责和以泪洗面。即使这样，也难以唤醒冰冷的良知。随着良知的走远，为了获取资金购买吸毒，又将未成年人引上违法犯罪的道路。

二、 重拾鸿鹄志

“路虽远行则将至，事虽难做则必成。”人类的历史证明，吸毒是一条人生不归路，戒毒虽难，只要开始并坚持，总有成功的一天。未成年人虽然心智不成熟，认知不健全，自制力不足，但是“人之初，性本善”，生而为人，具备了善、仁等自然品质。案例中的阿兵面对毒品，没能抵制诱惑，面对毒友共同盗窃的邀请，他却幡然醒悟，认识到自己的错误行为，认识到不能一错再错。其实，任何时候醒悟、回头，都为时不晚。毒品就如同恶魔，只要勇敢地面对，也一定能从万劫不复的痛苦轮回中挣脱，虽然要经历痛苦挣扎，但浴火重生的感觉也同样非常棒。

毒品成瘾危害大，只有积极治疗才是上策。如果说毒品是未成年人生中的劫难，那么只要他们克服困难，劫后重生仍将释放青春的活力。未成年人一旦染上毒瘾，应当积极寻求老师、家长的帮助，通过社区或者正规戒毒机构，参加专业的学习和训练。在康复的过程中，慢慢认识到自己的错误，明白做人的道理。同时通过学习法律知识及戒毒常识，了解毒品对身心的危害，及其对家庭的破坏和对社会的恶劣影响。从虚无缥缈的毒品梦幻中醒来，克服复吸反应，重新续写美丽的人生篇章。

未成年人应转变交友观念，与“毒友”“损友”保持社交距离。只有“毒友”“损友”才会将吸毒吹嘘为“合群”“时髦”“酷”的象征。凡是对自己负责、对家庭负责、对社会和国家负责的人都不会这么认为。毒品是一颗毒药，它并不是救赎，也不是“高贵”的象征，它不过是自我麻痹的工具。未成年人应主动学习法律知识，认识到毒品的危害性甚至违法性，抛弃错误认识，形成正确的认知；这样才能明辨是非，坚决抵制毒品。此外，在戒毒的过程中，非常重要的一点是要提高自己的控制能力，理性交友，坚决抵制不良群体，培养积极乐观的心态。在内心纠结与痛苦时及时寻求良师益友或家人的帮助，积极主动沟通，及时排解自己的不良情绪。

未成年人应谨防吸毒诱发的次生问题，合理使用网络，促进身心健康发展。未成年人不仅应在物理空间和“毒友”保持社交距离，在网络空间也应远离各类涉“黄、赌、毒”的信息网络资讯和平台。吸食毒品后，人往往容易精神错乱、极度亢奋，这些是毒品带来的影响，但这绝不是未成年人吸毒后“身体失控”进行违法犯罪行为的借口。明知吸毒存在种种负面问题，有些未成年人仍吸食毒品，在意识恍惚状态下进行伤害、杀害、强奸以及故意毁坏财物等行为，终将承担严厉的刑事责任。同时，毒品并非廉价物，为了持续吸食毒品，有的未成年人选择通过盗窃、诈骗、抢劫等方式筹集毒资，严重危害社会安全，也会受到法律的制裁。案例中，阿兵之所以能拒绝阿乐的请求，便是因为其内心能坚定道德和法律的底线，最终阿兵也正视错误，主动戒毒，回归了正常生活。

毒品带来的只能是无边苦海，任何人只要能回头，都能“立地成佛”“重新做人”。当然，“重新做人”的道路并非一马平川，很可能会遭遇不同程度的歧视。歧视吸毒人员，对不对？当然不对！但是，如果未成年人因为遭遇歧视，就回归“毒友”的怀抱，那是怯懦和没有责任担当的表现。换位思考，一个人自己吸毒、自我伤害不可怕，但是如果危害他人的生命、健康、财产安全和公共安全，那就不能怪别人远离自己。试想一下，生活中，吸毒之后找亲朋好友“借钱”，甚至“拉人下水”的事情多不多？吸毒诱发的次生违法犯罪多不多？多，数不胜数！因此，未成年人吸毒之后戒毒只是第一步。只有修复各方面社会关系，才算真正“新生”。“路遥知马力，日久见人心”，面对他人的质疑、异样的眼光甚至歧视，未成年人最好的应对是继续巩固戒毒的效果。如果走回头路，那只能证明别人对吸毒人员有看法是对的。这条康复的道路注定崎岖不平，但只要对毒品和“毒友”坚决说不，一切必将迎刃而解。

人类的历史在地球漫长的生命中只是过往烟云，个人的生命更是无比短暂。人类新生命的孕育承担着种族繁衍的神圣使命，我们所有人都应敬畏生命。人生的意义绝不能止步于“毒品的苦海”，世界这么美好，我们要去努力奋斗，体验不同的风景。未成年人远离毒品，浴火重生，要从做一个对自己负责的人开始。

法律小课堂

——《中华人民共和国禁毒法》

第四十八条　对于被解除强制隔离戒毒的人员，强制隔离戒毒的决定机关可以责令其接受不超过三年的社区康复。社区康复参照本法关于社区戒毒的规定实施。

第五十条　公安机关、司法行政部门对被依法拘留、逮捕、收监执行刑罚以及被依法采取强制性教育措施的吸毒人员，应当给予必要的戒毒治疗。

第五十一条　省、自治区、直辖市人民政府卫生行政部门会同公安机关、药品监督管理部门依照国家有关规定，根据巩固戒毒成果的需要和本行政区域艾滋病流行情况，可以组织开展戒毒药物维持治疗工作。

第五十二条　戒毒人员在入学、就业、享受社会保障等方面不受歧视。有关部门、组织和人员应当在入学、就业、享受社会保障等方面对戒毒人员给予必要的指导和帮助。

后 记

本书是未成年人权益保护与犯罪预防系列读本的重要一本。在引导未成年人了解毒品、毒品犯罪和毒品诱发的次生犯罪等未成年人毒品滥用及其关联犯罪问题相关知识时，本书以真实案例为基础改编成故事，将一个个鲜活而深刻的案例运用故事性讲述方式展示在读者面前并进行专业的剖析，同时在每节设置法律小课堂和小提示，使得本书的法律性、教育性和趣味性得到统一，也有机结合了法律学术知识的专业性和公民普法教育的通俗性。本书既可以作为未成年人自学读本，也可以作为校园法律常识教育课程的教学书目，亦可以作为家庭教育中父母和孩子共同的读物。

本书的完成，需要感谢武汉大学出版社的胡荣编辑提出的宝贵意见，感谢武汉大学出版社的全力支持，也向所有对本书写作给予帮助的单位和个人致以衷心的谢意！

本书由主编组织开展实证研究、拟定大纲和样章，并确定各章撰稿人，最后由主编统改定稿。具体分工如下：

拟定大纲、统改定稿：叶小琴；

未成年人与毒品诱惑篇：蒋有为；

未成年人毒品犯罪篇：黄诗琪；

吸毒诱发未成年人次生违法犯罪篇：喻秀艳。

遏制未成年人吸毒和涉毒违法犯罪是重大时代课题之一，离不开每位公民、家庭、学校和各方面社会力量的参与及协作。青春不“毒”行是我们对未成年人花季青春的美好祝愿，亦是我们的历史任务。让孩子在阳光下健康成长！未成年人毒品滥用及其关联犯罪问题有其特殊性和复杂性，本书编写团队虽已竭力找出问题所在，寻求解决之道，亦可能存在疏漏之处，希望广大读者提出宝贵的意见和建议（QQ：2269892601），以便我们继续努力，共同打造预防未成年人犯罪和保障未成年人权益的精品读物。再次表示感谢！

编　者

2020 年 5 月